지구를 빛낸
우주인 이야기

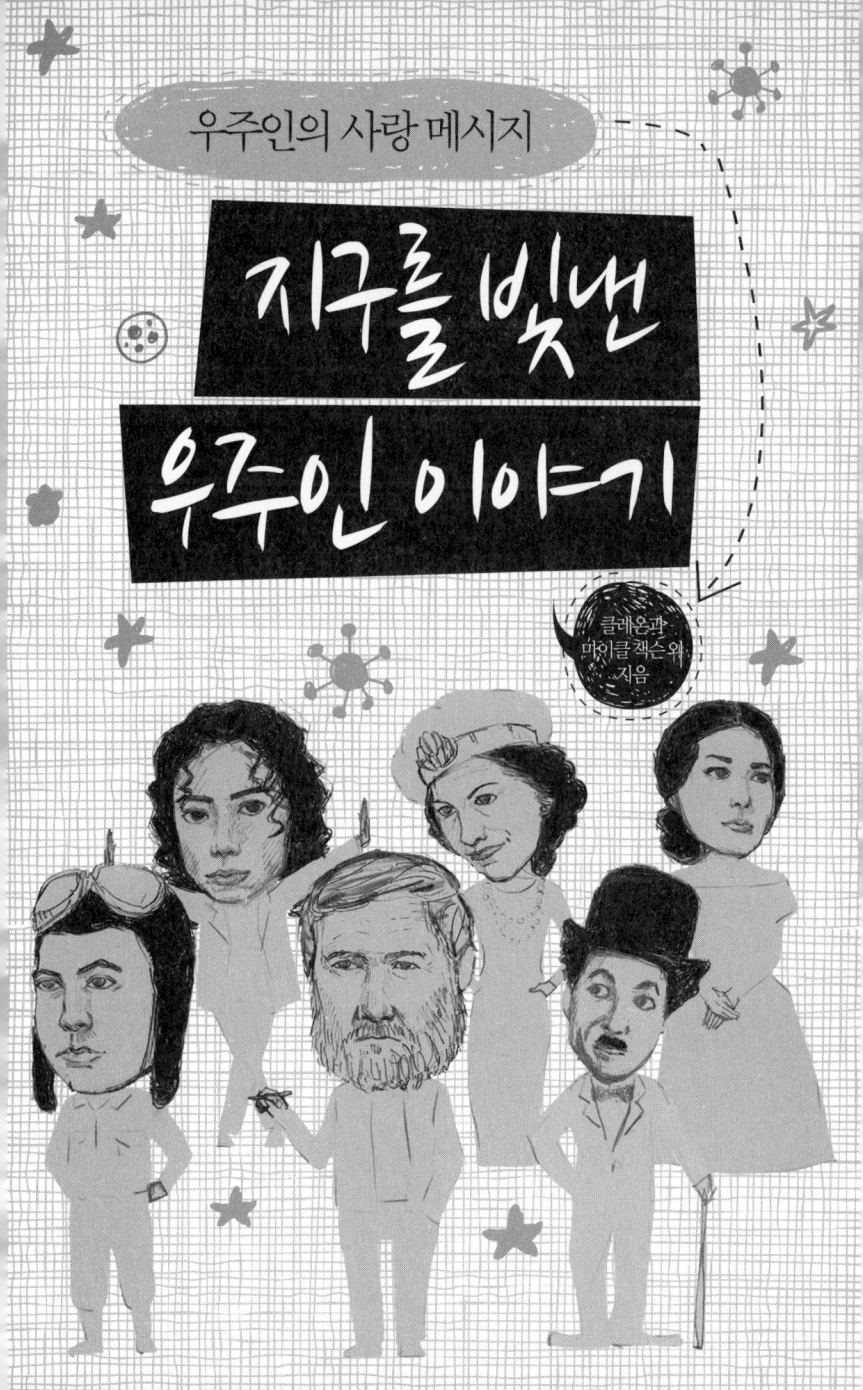

막이 오르면

1993년 할리우드.
음악은 흐르기 시작했어요.
객석엔 수백만 청중들로 가득했고 환호하며 손을
흔들었지요.
그들은 오로지 나만 바라보고 있었어요.

음악이 시작되자
세상에서 가장 행복한 미소를 지으며
노래를 따라 불렀어요.

그들은 나를 사랑했어요.
내 노래를 사랑했어요.
우리는 음악을 통해
서로를 사랑했고
상처를 치유하며 하나가 되어갔지요.

우린 외롭지 않았어요.
사랑만 해도 모자란 시간들이고
외로움마저 사랑스러운 순간들이라는 것을
우린 느끼고 있었거든요.
우리가 함께 부른 그 노래에
사랑이 희망이 흐르고 있었죠.

가슴 벅차게 휘감는 환호성,
온몸이 부서질 것 같은 환희!
아직까지 내 곁에 맴돌고 있어요….

클레온, 듣고 있어요?

나엘움은 지구에서의 무대를 그렇게 회상하고 있었다.

-2011. 6.13 마이클 잭슨과의 인터뷰 중에서

 # 우리들의 리허설

마이클님! 마이클님!!
이제 곧 시작되려고 해요. 근데 어쩌죠?

뭐가요?

이 무대를 소개해야 하는데
어떻게 해야 할지 모르겠어요.
무슨 말부터 해야 할지 모르겠다고 해야 하나?

클레온님은 어떤 메시지를
전하고 싶으신데요?

'메시지'라고 하면 넘 거창하고요,
그냥 제가 마이클님이나 다른 분들과 대화하면서 느낀 것처럼
'거칠고 험하게만 느껴졌던 이 세상도 살 만하다'는 걸
느꼈으면 좋겠고
또 자신을 더욱 사랑하게 되었음 좋겠어요.
또, 또, 여기 계신 엄청 유명하신 분들을
우주인이라고 소개해야 하는데
이 부분이 대략 난감이네요

왜 어렵게만 생각하죠?

사실 저도 '우주인' 하면
'V'나 '스타트렉' 영화처럼
무섭고 징그럽게만 느꼈었거든요.
그런데 명상중에 대화하다 보니
인간이랑 똑같은 아니 더 진화한 인격체란 걸
알게 되었다고나 할까요?

음. 그럼 지금 말씀하신 걸 그대로
표현하면 되는 거잖아요.
뭐가 문제인가요?

그러게요. 그래도 걱정이 되네요.

말씀해 보세요.
제가 오늘 클레온님 얘기 다 들어줄게요.
클레온님이 저를 믿고 받아주는 것처럼요.

음. 사실 동생에게 우리의 이야기를
책으로 내고 싶다고 했는데
피식 웃더라고요.
……
세상 분들이 어떻게 받아들이실지가
좀 걱정되네요.

클레온님은 『어린왕자★』가
왜 세계적인 베스트셀러가 되었다고 생각하세요?

아마 너무나도 유명한 책이기 때문에
안 읽으면 교양 없는 사람처럼 보일까봐?
헤헤. 농담이에요.
『어린왕자』는 물질 만능주의에 살고 있는

★ 프랑스의 비행사이자 작가인 앙투안 드 생텍쥐페리가 1943년 발표한 소설.

우리들에게 맑은 영혼, 순수성을 일깨워 주는
지침서 같은 동화 같아요.
그래서 그 순수성을 잃고 싶지 않은 사람들이
살면서도 계속해서
꺼내보게 되는 책이 아닐까 싶네요.

어린왕자도 결국 지구별을
떠나 자기 별로 돌아가잖아요.
다른 별들을 여행하다 7번째로
지구를 방문한 거고요.
결국 어린왕자도 우주인이라는 건데
그런 터무니없는(?) 받아들이기 힘든 내용인데도
어린왕자를 모르는 사람은 왜 없는 걸까요?

그러게요.
제가 괜한 걱정을 하고 있나 봐요.

이런 사람도 있고 저런 사람도 있는 게
지구라는 별입니다.
이곳에 사는 사람들은
자신들이 왜 태어났는지도 모르고
전생의 기억도 없기 때문에
서툴 수밖에 없답니다.
서투른 이들이 지구라는 공간에서

부대끼며 살아가다 보니
서로에게 상처를 내기 일쑤지만
그래도 지구는 경험을 통해 배울 수 있는
우주 최고의 학교이자 자신의 인생의 무대인
특별하고도 아름다운 별이지요.
지구인으로 살아가는 사실에 자부심을 느끼세요.

아!
당신과 대화 나누다 보니
아이디어가 생각났어요!
그냥 이 대화 그대로 소개할래요!
어떠세요?

하하. 원하신다면요.
어린왕자처럼 잃어버린
삶의 의미를 되찾을 수 있는,
더 나아가 자신을 사랑하게 될 수 있는
훌륭한 무대가 되길 바랄게요.

마이클님 말씀처럼
많은 사람들이 이 이야기들을
자신의 이야기처럼 여기셨으면 좋겠어요.
저처럼 말이죠.

걱정 마세요. 진심은 다 통하니까요.

마이클님,
너무너무 감사드려요!
이따 무대에서 정식으로 뵈어요~

디에쑤

여기에 등장하는 분들은 모르는 사람이 없을 정도로 너무나 유명하신 분들입니다. 전 세계를 떠들썩하게 했던 세기적 팝스타, 희극배우, 디자이너, 프리마돈나, 작가.
모래알 하나에도 우주의 역사가 담겨 있다는데 한 사람의 일생을 단 몇 페이지로 요약한다는 것 자체가 어불성설이겠지만 지구에서 화려하게 일가를 이룬 그들도 다른 이들과 같은 인생의 무게를 지고 하루하루 치열하게 현실과 마주하고 있었지요. 다양한 별에서 온 이들과의 만남 속에서 결국 우리 모두는 경험을 통해 배움을 얻는 여행자로서 너무나 닮아 있었습니다.
이미 세상 사람들의 가슴속에서 영원히 남아 있는 스타였지만 그들에게서 직접 듣게 된 파란만장한 생은 어린왕자가 장미가 있는 별을 그리워하듯이 더없이 생생하게 빛나고 있었습니다. 그들이 안내해 준 무한한 우주 속에서.

이제 조명이 반짝이면 우리의 주인공이 등장하고 그들의 무대에 몰입하면서 스스로도 멋진 주인공으로 변신한 자신의 모습을 꿈꾸게 되겠지요?

영원히 기억에 남는 멋진 공연을 보여주신 분들, 그리고 현재에도 열렬히 공연 중인 우리, 동시대를 살아가는 분들께 힘찬 격려를 보냅니다. 함께 대화에 참여해주신 사랑하는 친구들, 민경주, 브리짓, 김태욱님에게도 이 자리를 빌어 고마움을 전하고 싶습니다.

무대라는 공간을 빌어 이분들을 모시고 소개하게 된 점, 개인적으로 무한 영광으로 생각합니다….

2011년 10월
별빛 가득한 자신의 무대를 꿈꾸는
클레온 기록

Contents

막이 오르면 04

프롤로그
우리들의 리허설 06

 시대의 아이콘으로 살다

시리우스별 ☆ 마이클 잭슨 interviewed by 클레온

시리우스별의 마음 치유사, 마이클 잭슨　　　23
그를 둘러싼 소문들　　　30
음악으로 세상을 잇다　　　44

헤드로포보스별 ☆ 찰리 채플린 interviewed by 클레온

헤드로포보스 신사, 찰리 채플린　　　53
그의 삶, 그의 영화　　　62
인생은 희극이다　　　73

제2막 독립적인 여성의 삶을 살다

시리우스별 ☆ 코코 샤넬 interviewed by 클레온

시리우스별의 똑똑한 이기주의자, 코코 샤넬	80
샤넬, 그녀가 지구에 온 까닭은?	87
샤넬 = 더 스타일	96
나를 책임질 수 있는 건 오직 나	103

잉케별 ☆ 마리아 칼라스 interviewed by 민경주

잉케별의 예술가 마리아 칼라스	111
그녀가 선택한 삶	120
오페라, 다양한 삶을 체험하기 위한 도구	128
오나시스와의 사랑, 그녀의 선악과	136
음악으로 마음을 정화시키다	143

제3막 정신을 이끌어주는 삶을 살다

잉케별 ☆ 어니스트 헤밍웨이
interviewed by 브리짓

헤밍웨이의 사명, 고통의 승화	153
단순함으로 천 가지를 말하다	158
'잃어버린 세대' – 지구에 파견된 특별 TF팀	166
헤밍웨이, 인생관을 말하다	175
그가 자살한 까닭은?	180
지구에서의 삶을 성찰하다	183

시리우스별 ☆ 앙투안 드 생텍쥐페리
interviewed by 김태욱

시리우스별의 사절단 생텍쥐페리	190
지구에 오기까지	198
지구에서의 삶과 사명	207
마지막 비행	214
어린왕자가 탄생되기까지	221
시리우스로의 복귀	229

에필로그
우리는 모두 어느 별에서 온 우주인이다   235

막이 내리면   240
저자소개   242
수선재 소개   246

제1막

시대의
아이콘으로 살다

: 마이클 잭슨, 찰리 채플린 :

인종과 국경을 넘어 온 세상을 하나로 이어주는 노래,
웃음 속에 짙은 인생의 페이소스가 묻어나는 연기.
시대의 아이콘인 그들 덕분에
세인들은 울고 웃으며
용기를 얻고 희망을 얻었다.
지금 이곳엔 없지만 영원히 가슴에서 살아있는
그들을 만나다

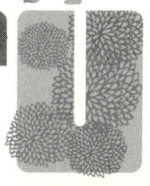

☆시리우스별☆

마이클 잭슨

순수한 마음으로 사물을 대하고 사람을 대하면
분명 아름다운 세상이 만들어지리라 생각해요.
순수함으로 손을 내밀고 사람들을 맞이해 주세요.
사람들의 순수한 마음을 믿어주세요.
그것이 서로가 하나가 되는 지름길이니까요.
외롭거나 힘이 들 때 '나엘움'이란 단어를 떠올리세요.
저의 본래 이름입니다.

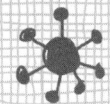

마이클 잭슨 (1958~2009년, 미국)

마이클 잭슨은 미국 인디애나주 게리에서 기타리스트였던 아버지와 클라리넷 연주가였던 어머니에게서 태어났다. 그는 9남매 중 일곱째로 태어났다. 1963년 형제들로 구성된 5인조 그룹 잭슨 파이브(Jackson Five)에서 리드보컬을 맡았으며, 1969년부터 안무한 춤을 선보여 잭슨 파이브 그룹은 인기를 얻었다. 1971년 자신의 이름을 내건 앨범을 발표해 솔로로 데뷔했다. 1982년 《스릴러》로 전 세계적인 성공을 거두었고 이어 《배드 Bad》(1987), 《데인저러스 Dangerous》(1991), 《히스토리: 과거, 현재, 미래 제1권 HIStory: Past, Present and Future, Book 1》(1995) 등의 앨범을 냈다. 1984년 촬영 도중 화상을 입은 뒤로 백반증*에 시달렸으며 평생 화장으로 얼굴을 가려야 했다. 1994년 엘비스 프레슬리의 딸 리사 마리 프레슬리와 결혼하여 화제가 되었으나 1996년 이혼, 2년 뒤 자신의 간호사였던 데비 로우과 결혼했으나 1999년 또 다시 이혼했다. '팝의 황제'로 불리며 대중음악에 큰 영향을 끼친 그는 많은 이들에게 영감을 주었고 살아있을 때 이미 전설이 된 그는 영국에서 재기 콘서트를 준비하다 2009년 심장마비로 사망했다.

★ 피부의 한 부분에 멜라닌 색소가 없어져 흰색 반점이 생기는 병.

* 현재 5차원의 시리우스★★에서 '나엘움'이란 이름으로 살고 있다.

★★ 5차원의 별로서 큰개자리에 있으며 8.4등급의 별. 크기는 지구와 거의 비슷하며 육안으로 볼 때 동반성과 함께 두 개의 별로 보이나 실제 9개의 항성과 그 주위를 도는 여러 개의 행성으로 이루어진 별들의 무리임.

 # 시리우스별의 마음 치유사, 마이클 잭슨

• interviewed by 클레온 •

 안녕하세요, 클레온님. 제가 마이클 잭슨입니다.

허걱! 진짜 마이클 잭슨이라고요? 제가 제대로 대화하는 거 맞나요?

 그렇습니다. 제가 바로 지구에서 마이클 잭슨이라 불리던 사람(?)입니다.

아니 정말로@@ 저 이럴 때 어떻게 해야 하나요?

 그냥 편안하게 대화하시면 됩니다. 제가 잡아먹는 것도

아니잖아요.

헉! 알겠습니다. 너무 순식간에 일어난 일이라 약간 당황스럽군요. 동료 명상가들이 동식물이나 혹은 우주인과 대화 나누는 것은 익히 알고는 있었지만 제게도 이런 일이 일어날 수 있다니. 더군다나 그 대상이 마이클 잭슨이라니요@@

🎤 서로 파장만 통한다면 못할 게 없는 것이 우주입니다. 다만 마음이 순수한 자에 한에서만 말이지요.

저기요, 제가 처음이라 확신이 좀 안 서는데, 마이클 잭슨님이라는 것을 어떻게 증명할 수 있죠?

(말을 채 마치기도 전에 화려한 무대 의상과 현란한 춤을 보여주는 마이클 잭슨. 한 손엔 모자를 가슴에 얹은 채 환하게 웃으며 인사를 건넨다. TV에서 보았던 모습 그대로이다. 장면들은 명상 중 이미지로 떠오른다.)

🎤 안녕하세요? 클레온님, 정식으로 인사드립니다. 이렇게 만나게 되어서 반갑습니다.
(정중하면서 발랄한 느낌이다.)

안녕하세요. 마이클님, 저도 다시 정중하게 인사를~ 지구의 클레온이라고 합니다. 그런데 지금 어디에서 말을 건네시는 거죠?

🎤 시리우스입니다. 저의 고향별이지요.

그렇군요. 그런데 제가 어쩌다 이토록 유명하신 분과 대화가 가능하게 되었을까요?

🎤 제가 세상을 떠났을 당시 많은 이들이 궁금해 했었죠. 당시 미국에 계셨던 클레온님도 아마 그중 한 사람이었겠죠.^^ 뭐랄까. 갑작스러웠던 죽음으로 인해 제가 사람들에게 하고 싶었던 이야기들을 다 못해서일까요? 그래서 제가 당신을 선택한 것입니다. 가장 객관적으로 저에 대해 알려 줄 수 있을 것 같아서요.

그렇게 말씀해 주시니 영광입니다. 2009년 6월 25일이었죠? 와~ 그날 제가 할렘가에서 본 장면은 정말이지 입을 다물지 못할 정도였어요. 밤새 마이클님의 노래를 부르며 한 사람의 죽음을 온 미국이 슬퍼하고 있었지요. 사진은 여기저기 다 도배되어 있구요. 정말 대단했습니다. 마이클님을 추모하는 물결이 맨해튼 125가에서 한 달도 넘게 지속되는 걸

보며 님에 대해서 알고 싶어졌어요. 도대체 어떤 분이길래 이토록 존경받고 사람들을 열광하게 만드는지도 궁금했고요. 그런데 지금 무얼 하고 계시는지요?

🎙 쉬고 있는 중입니다. 지구에서의 삶이 고단했던지라 그 여독이 아직 풀리지가 않았어요. 지구에서의 삶을 정리하면서 마음을 달래고 있습니다.

시리우스가 고향별이라면 지구에 오시기 전에 시리우스에서는 어떤 일을 하고 계셨었나요?

🎙 소통과 관련된 일을 했습니다. 별의 모든 존재들과 하나 되는 방법에 대해 연구하고 적용하며 그 변화를 관찰하는 일을 했지요. 그 중에서도 사랑과 관련된 분야가 제 영역이었죠. 지구로 말하자면 마음 치유사와 같은 역할이었습니다.

제가 있는 시리우스는 5차원 별입니다. 그렇긴 해도 그 차원에 맞는 고민과 고충, 상처들이 다 있습니다. 서로 간의 신념들이 사고의 벽을 만들고 감정의 교류를 막음으로써 흐름을 차단하게 만듭니다. 이런 신념과 감정 간의 부딪힘으로 인해 생긴 상처를 달래고 서로의 생각에서 공통점을 찾아 이어주는 역할을 했었죠.

우와, 꼭 필요한 역할이었네요. 그런데 지구엔 왜 오셨던 거죠?

🎙 그동안 연구했던 것을 시험해 보고 싶어서였습니다. 사랑의 힘에 대해 알고 싶었지요.

그럼 사랑의 힘에 대해서 알고 싶으셨다는 건 경험의 차원이었나요? 아니면 다른 어떤 목적도 있으셨나요?

🎙 두 가지 목적이 있었습니다. 우선 그동안 연구했던 바를 실험하고 싶었고 경험을 통해 온몸으로 체득해야 했었지요. 그리고 저희 별의 발전을 위해서도 폭발적인 사랑을 전달할 수 있는 방법이 필요했었으며 그 일환으로 스타라는 방법을 선택했던 것입니다.

아하! 바로 스타마케팅이군요. 제 생각엔 지구에서의 영향력으로 치자면 흑인보다는 차라리 백인으로서의 삶을 선택하는 것이 더 낫지 않았을까 싶은데요?

🎤 그렇지요. 영향력 면에서는 그렇겠죠. 개인이 유명해지고 사람들이 알아봐 주기를 바란다면 백인을 택하는 것이 훨씬 유리해요. 하지만 저는 소통을 통해 종족 간에 하나 되는 방법을 실험하고 싶었고 그러려면 흑인의 입장이 나으리란 판단을 한 거죠.

시리우스에서 살펴 본 바로는 지구는 같은 사람들인데도 인종과 신분으로 구분지어 차별하고 있었고 그 때문에 상처가 너무 많았어요. 그 상처가 서로 간에 벽을 쌓게 만들고 소통을 방해하는 요인으로 작용하고 있었죠. 그 모습을 보면서 내가 할 수 있는 일이 있다면 하고 싶다는 열망을 키웠지요.

시리우스별의 마음 치유사다운 선택을 하셨군요. 멋진데요! 그런데 팝스타로 오셨잖아요, 의사라든지, 뭐 교사라든지 그렇게 올 수도 있었을 텐데 왜 유명인으로 오셨는지요?

🎤 영향력 때문이었어요. 대중적인 방법으로 큰 영향력을 끼치기 위해 팝이라는 도구를 선택한 거죠. 또 보다 넓게 펼치기 위해 미국을 선택했구요. 당시 팝은 사람들이 가장 좋아하는 장르였고 가장 보편적이고 대중적이었죠. 그리

고 음악은 아시다시피 내면을 치유하는 데 정말 좋은 도구거든요. 그리고 음악에 가사를 실으면 메시지도 함께 전달되기 때문에 제 뜻을 펼치기에 적절한 도구였어요.

오호라! 영향력 때문에 일부러 그런 삶을 선택했다니 흥미로운데요?

 ## 그를 둘러싼 소문들

마이클님, 이번엔 약간 강도 높은 질문을 하고 싶은데, 괜찮을까요?

 성형에 관해 궁금하신 거군요. (빙긋 웃으신다.)

앗, 어떻게 제 마음을?

 클레온님의 파장이 그렇게 말하고 있으니까요

흑흑. 우주에선 정말 거짓말하면 다 들통 나네요. 그렇담 마이클님이 먼저 말씀해 주셨으니 용기를 얻어 한번 질러 보렵니다. 마이클님, 왜 그렇게 성형을 많이 하셨어요? 보통 사람들이 생각하기에 남부러울 거 없던 분이셨잖아요. 세계 최고의 스타에다가 돈도 많으셨고.

🎙 성형에 대해 얘기하자니 어디서부터 매듭을 풀어야 될지 모르겠네요. 저에게 있어 성형이란 일종의 도피였습니다. 클레온님은 혹시 이런 심정 아시나요? 제 말 한마디 행동 하나하나가 전 세계 언론의 먹잇감이 되어 그들의 무차별 공격에 몸과 마음이 갈기갈기 찢어져 너덜너덜해진 느낌이요. 남들과 똑같이 먹을 거 먹고 화장실 갈 거 가는데, 제가 먹고 싸는 게 황금도 아닌데, '마이클 잭슨'이란 이름만 붙으면 뭐든지 화제가 된다는 사실이 얼마나 크게 마음을 짓누르는지 모르실 겁니다.
무엇인가 마음의 위안이 필요했었습니다. 클레온님이 쇼핑을 좋아하시는 것처럼 저도.

허걱! 벌써 저에 대해 다 파악하구 계시다니.

🎙 클레온님과 대화하기 전에 브리핑 좀 받았습니다. 기본 아니겠어요? 기본.

네…. 고맙습니다. 그런데 마음의 위안을 심하게 찾으셨네요. 도피의 후유증이 너무 컸으니 말이에요. '헐리우드에서 성형 수술한 연예인들을 휴가 보낸다면 단 한 명도 남지 않을 거다'라고 마이클님이 인터뷰하신 기사도 봤어요. 어떤 이들은 마이클님을 그렇게 학대(?)했던 아버지를 닮아가는 모습이 싫어 성형을 했다고도 하는데 사실인가요?

🎤 그런 부분도 어느 정도 있었던 것 같습니다. 아버지께서는 저를 유난히 엄하게 체벌하셨고 그런 만큼 저의 반항도 컸다고 할 수 있겠죠. 아버지의 사랑을 그 당시에는 이해하지 못했는데 이제와 생각해보니 서로가 이해하고 있는 사랑의 표현방법이 달랐던 것이더군요. 아버지와 좀 더 살갑지 못했던 게 지금 와서 후회가 됩니다.

그런데 후회는 안 하세요? 지나친 성형에 대해서 말이죠.

🎤 처음엔 그런대로 만족했으나 점점 걷잡을 수 없이 심각해져 대책이 없었습니다. 성형이 또 다른 성형을 낳고…. 그 때문에 많은 약물과 보조물, 메이크업에 의존했어야 했고요. 견뎌내기가 쉽진 않았었습니다.

그랬군요. 머리카락 때문에 늘 고민하던 흑인 친구가 제 생머리를 무척 부러워했었어요. 곱슬머리가 자라면서 머릿속으로 파고들어 항상 머리를 땋아 주거나 어떤 조치를 취해야 한다고 했거든요. 그에 비하면 마이클님의 헤어스타일은 자유자재로 변신했던 것 같아요.

🎤 제가 하고 싶었던 음악과 제 얼굴, 헤어스타일이 매치되지 않는다고 생각되어 고민을 많이 했었습니다. 독한 화학약품으로 머리를 펴고 가는 철사로 머리카락을 한 올씩 잇는 등 공을 많이 들이기도 했죠. 단 한 번도 마음 편하게 쉬어 본 적이 없었다면 믿으시겠어요? 어디 기대어 쉬려고 해도 그 가는 철사들이 머리를 자극해왔고 잠을 푹 잘 수도 없었습니다. 제대로 쉬질 못하니 정서적으로 불안했던 건 당연한 결과구요.

에구… 광고촬영 중 머리에 불이 붙어 그 이후 탈모로 고생하셨다는 기사도 읽었어요. 그때부터 백반증이 시작되었다는 것도요. 하지만 아직도 마이클님이 백인이 되고 싶어 박피 수술을 50번도 넘게 했다고 믿는 사람들이 많습니다. 이에 대해선 어떻게 생각하세요?

🎤 맞아요. 백반증을 앓았죠. 피부가 하얗게 벗겨지기 시작

했는데 아주 보기 끔찍했었죠. 저 같은 완벽주의자에겐 견딜 수 없는 고통이었죠. 하지만 저의 백반증은 하나의 상징적인 의미가 있었습니다. 제가 흑인가수로서 백인들이 판을 치던 음악계에서 실력으로 인정받게 되자 흑인에 대한 인식의 변화가 시작된 것이지요. 점차 우호적으로 바뀌게 된 계기가 되었습니다. 제 피부색이 점차 하얗게 변화하는 과정처럼 인종에 대한 편견도 점차 엷어졌다면 이해가 되시나요?

마이클님의 피부가 하얘지는 과정이 인종에 대한 편견이 엷어지는 과정을 상징했다니, 이것 참 신선하고 놀라운 일이군요. 혹자는 '마이클 잭슨이 없었다면 오프라 윈프리나 버락 오바마도 없었다'고 평하기도 합니다. 이건 좀 조심스런 질문이긴 한데요. 정말 살면서 '내가 흑인이 아니었으면 어땠을까. 얼마나 좋을까?' 이런 생각하신 적 없으세요? 전 어렸을 적 그런 생각 많이 했었거든요. 아시잖아요, '아, 내가 뭐뭐뭐 했더라면…' 이런 거요.

없었다면 거짓말이겠죠? 그러나 저는 그럴수록 '최고가 되어 그런 인식들을 불식시켜야겠다.' 고 다짐했습니다. 음반 시장뿐만 아니라 미국 사회에서 흑인이기 때문에 받는 불이익은 상상을 초월하거든요. 전 최고가 되어 그들에게 힘이 되고자 했습니다.

마이클님의 수많은 히트곡 중 〈Billie Jean〉을 최고로 꼽기도 하지만 전 개인적으로 〈Black or White〉가 제일 좋아요. 가장 마이클 잭슨다운 노래가 아닐까 싶어서 말이죠. 백인 우월주의 미국 사회에서 살아가는 한 사람의 흑인으로서의 갈등, 힘겨움이 살짝 느껴지기도 했거든요. 여기서 질문!! 만약 마이클 잭슨이 흑인이 아니었었다면 팝의 황제, 전설의 마이클 잭슨의 탄생은 가능한 것이었을까요?

🎤 풋! 그건 한 번도 생각해 본 적이 없었어요. 제가 흑인이 아니었다면…. 글쎄요.

세계적으로 이름을 떨친 천재적인 예술가들은 거의 대부분 시련을 겪어 넘겼더라고요. 등 따시고 배부른 천재 예술가 얘기는 별로 들어본 적이 없다는. 그런 환경적인 요인들이 더 자신의 마음을 다잡게 하는 원동력이 되어 가야 할 길을 꾸준히 걷게 하는 것 같다는 생각이 문득 들어서요. 제 짧은 생각엔 아마 마이클님이 지구에서 겪었던 가장 큰 맘고생은 인종적인 문제가 아니었나 싶은데 어떤가요?

아까도 말씀드렸다시피 제가 흑인으로 태어난 것은 저의 선택이었습니다. 소수 인종으로 태어나 그들의 마음을 헤아리고 음악으로 인종 간의 소통이 가능하리라 생각했었거든요. 그 과정에서 실제로 서로가 하나가 되는 느낌도 받았고요. 특히 무대에서 그런 느낌을 강렬하게 받았지요. 그래서 '아, 희망이 있구나.' 하는 생각을 여러 번 했었습니다. 아시다시피 저의 후반기 음악은 사회, 정치적인 이슈와도 깊게 연관이 되어 있죠. 하지만 흑인이어서 힘들었던 적도 있습니다. 부인할 수 없는 사실입니다. 제가 만약 흑인이 아니었다면 언론의 공격을 그렇게 심하게 받진 않았을 거란 생각을 했습니다. 그들의 우상이었던 비틀즈나 엘비스 프레슬리의 기록들을 깬 사람이 그들이 그렇게 멸시하던 흑인이었으니까요. 그들은 그 당황스러움을 언론으로 교묘하게 포장해 저를 괴롭혔지요.

마이클님의 말씀을 들으니 스타가 되는 것은 참 쉽지 않은 일이고 생각보다 많은 희생을 요구한다는 것을 느끼게 되네요. 그래도 언론에 대해 미리 언급하셨으니 떡 본 김에 제사 지낸다고 좀 더 파고 들어가도 되나요? 악성 루머에 대해서요. 성형이나 피부 관련 말씀은 앞에서 해주셨으니 그 외에 세상을 떠들썩하게 했던 또 하나의 이슈, 아동 성추행 사건과 관련해서 여쭤보고자 합니다. 괜찮으시겠어요?

(또 싱긋 웃으실 뿐 대답은 하지 않으신다. 긍정의 의미로 받아들이고 질문을 하기로 마음먹었다.)

1993년과 2003년, 두 차례나 아동 성추행 혐의로 고소★를 당하셨어요. 물론 무혐의로 풀려났지만 이미지에는 큰 타격을 입으셨어요. 그때 심정이 어땠나요?

🎤 인간으로 태어나서 못할 짓을 하고 있다 싶었습니다. 아이들에 대한 사랑이 그런 식으로 왜곡된다는 것이 참을 수 없었습니다. 저도 아이들을 키우는 아빠의 입장에서 어떻게 그런 짓을 할 수 있으리라 생각했는지 도무지 이해가 가지 않더군요. 때문에 미국을 떠날 생각을 했었고 네버랜드★★의 문도 닫아버렸습니다.

★ 1993년 마이클 잭슨은 13세의 조단 챈들러를 성희롱했다고 피소를 당함. 그는 재판에서 줄곧 무죄를 주장했지만 결국 2,000만 달러의 합의금을 주고 소송 취하를 이끌어내야만 했고 이미지는 땅에 떨어짐. 또한 그는 2003년에도 아동 성추행 혐의를 받고 재판은 2005년까지 이어져 피해자의 어머니가 상습 사기범이라는 것이 밝혀지며 승소했지만 또 다시 언론과 여론의 근거 없는 비난을 받게 됨.
★★ 마이클 잭슨이 1988년 캘리포니아주에 건립한 약 330만 5340평에 달하는 대저택.

오히려 도움을 주었던 소년의 가족에게서 큰 배신을 당한 셈이군요.

🎤 전 배신이라 생각하지 않습니다. 오히려 그 가족도 언론의 희생양이 되었으니까요. 처음부터 그러진 않았을 텐데 아무래도 주변의 영향을 받았겠죠. 사람의 욕심이란 게 그렇습니다. 화장실 들어갈 때와 나올 때가 다르다고 하지 않습니까. 그 돈이 뭔지. 그 돈 때문에 우리가 정작 살면서 중요시해야 하는 가치들이 점차 경시되어가는 것 같아 안타까워요. 진실은 결국 밝혀지지만 사람들은 그 진실을 바로 보기 두려워하죠. 비겁하기 때문이죠. 자신들의 양심이 괴로운 게 싫고 그냥 모른 척 마음 편하게 살고 싶은 게 인간들의 심리랍니다. 이기적이에요.

네….

🎤 밖에는 수천만의 팬들이 저를 향해 손을 뻗치고 있지만 정작 전 집 밖으로 나갈 수도 없었던 걸요. 이 지독함 외로움 속에 그래도 제가 위안을 얻을 수 있었던 건 아이들 덕분이었습니다. 그들이 저의 희망이었죠. 그런 아이들에게 제가 그런 끔찍한 행동을 저지를 수 있었다고 어떻게

상상조차 할 수 있는 거죠?

그러게요. 사람들은 잘 알지도 못하면서 부풀려대기만 좋아한답니다. 사실 저도 그래요.

🎤 전 세 살 때부터 무대에 올랐어요. 말도 제대로 하기 전에 말이죠. 무대의상도 갖춰 입었어야 했는데 제임스 브라운, 재키 윌슨이 신었던 검정색 에나멜 구두가 유난히 갖고 싶더군요. 폼 나게 반짝거리는 그 구두를 신고 무대에 서고 싶어 여러 곳을 찾아 헤맸지만 찾질 못했습니다. 아이들용으론 제작되지 않았던 거죠. 저에게 유년시절은 이렇듯 어린이용으로는 제작조차 되지 않는 에나멜 구두와 같다고 할 수 있습니다. 너무나도 신고 싶어 이리저리 찾아 헤매지만 결국은 그 어느 곳에서도 찾을 수도, 가질 수도 없는 아름다운 꿈. 그 꿈은 아픈, 저의 기억이 되어 버렸습니다.

마이클님만큼 이 지구상에서 오해를 많이 받으신 분도 없는 것 같아요. 저도 그 언론을 그대로 믿었던 무지한 인간으로서 사과드리고 싶어요. 항상 상대방의 입장이 먼저 되어 보고 판단하도록 노력할게요. 그런데 그런 고통을 감수하면서 계속 무대에 섰던 이유는 무엇이었나요? 그냥 다 그만둘 수도 있지 않았나요? 그동안 모아 두었던 돈으로 아무도 모르는 곳에 가서 살 수도 있었잖아요.

🎤 저를 사랑해 주고 제 음악을 사랑해 주시는 모든 분들에 대한 최소한의 예의라고 생각했었습니다. 때문에 어느 한 순간도 소홀히 할 수가 없었죠. 지나친 강박관념이 저를 압박해 왔지만 그것을 저의 사명이라 여겼습니다. 생각해 보세요. 평생의 기억이 음악과 팬들과의 만남뿐입니다. 제가 그 어떤 다른 생각을 할 수 있었을까요? 사실 은신처를 찾아 세계 곳곳을 헤매기도 했지만 결국 찾지 못했죠. 때문에 마음을 바꿨습니다. '피할 수 없으면 즐겨라!' 이렇게 말이죠.

와우! 멋진 말인걸요? 참 현명하신 판단이에요. 그런데 마이클님과 이야기를 나누다 보니 참 '지독히도 몸서리치게 외로우셨겠다'는 느낌을 지울 수가 없군요. 그 외로움도 즐기셨나요?

🎤 피할 수 없으면 즐기라고는 했지만 사실 즐기기가 그리 쉽진 않았었겠죠? 하하.

그래도 결혼도 두 번이나 하셨고 아이도 있었으니, 그리 외롭진 않으셨을 것 같은데. 이참에 결혼에 대해서도 여쭤볼게요. 첫 번째 부인이었던 리사 마리 프레슬리의 인터뷰 내용 중에 '마이클은 결혼 생활 중 단 한 번도 맨얼굴을 보여준 적이 없고, 심지어는 잘 때도 메이크업을 하고 잤다'라고 했던데요, 어떻게 부인에게까지 얼굴을 감추고 살 수 있었어요? 저는 그 부분이 이해가 잘 안돼요.

🎤 그것은 클레온님이 저의 인생을 살아보지 않아서 쉽게 이해되진 않겠지만, 평생 외부에 노출되어 사생활이 없었던 저에게는 어떤 선택권 같은 것이 없었습니다. 억측 루머나 우스꽝스러운 사진이 언제 어디서 터져 세계를 돌아다닐지 모르는 판에 일분일초도 긴장을 늦출 수 없는 상황이었으니까요.
제가 의도하지 않았던 제 모습이 여러 각도에서 찍혀 악성 루머와 함께 세계인의 입에 오르내리는 것이 제가 바라던 삶은 아니었습니다. 팬들에게 완벽한 모습을 보이기 위해 모든 앨범 제작과정에 참여하고, 연습하고, 일일이 하나하나 제 손길을 거치지 않고는 세상 밖으로 나올 수 없었는데 언론은 그런 저를 가만 놔두질 않았지요. 제가 얼마나 고통이 심했었겠습니까. 저는 리사를 분명 사랑했고 사랑하는 여자에게 만큼은 완벽한 모습을 보이고 싶었습니다. 또 그게 상대방에 대한 배려라고 여겼구요.

이런 말씀 드려도 될지는 모르겠으나 같은 여자 입장에서 보면 만약 제 남편이나 남자친구가 제게 민낯도 감추고, 자다 일어나서 헝클어진 머리나 눈곱 낀 얼굴도 안 보여주고 항상 완벽한 모습만 보여주려 한다면 그런 원초적인 모습을 감추는 게 나를 사랑하지 않아서 거리감을 두고 있는 거라고 오해할 것 같아요. 리사도 그리 쉽진 않았을 거라고 생각해요.

리사가 힘들어했습니다. 절 도무지 이해하지 못했죠. 클레온님과 얘기하다 보니 리사가 어땠을지 어느 정도 짐작이 가는군요.

만약 제가 결혼을 하게 된다면 여느 부부들처럼 방귀를 틀 자신은 없지만요, 항상 적당하고 자연스러운 게 제일 좋은 게 아닌가 싶어요. 어디선가 들은 얘긴데 인간은 누구나 다 외롭다네요. 외로움, 그리움, 서러움은 인간 본성의 언어래요. 마이클님은 혼자 외로웠던 게 아니라는 말씀드리고 싶네요.

"You are not alone."★

당신은 혼자가 아니에요.

적어도 이 순간만큼은요. 제가 손잡아 드릴 수 있으니까요.

★ 마이클 잭슨의 앨범 《History: past, present and future, book1》에 수록된 대표 곡 중 하나. 이 곡은 150만 장 이상 판매되었으며 그래미어워드, 아메리칸 뮤직 어워드를 수상하며 기네스 북에 넘버원 히트 싱글로 입성함.

 음악으로 세상을 잇다

음, 이제 마이클님의 죽음과 관련된 이야기를 나누고 싶어요. 거의 대화의 막바지에 이른 것 같은데요. 미국 경찰은 마이클님의 죽음에 대해 수면마취제인 '프로포폴'의 과다 투약으로 인한 심장마비라고 발표했고, 후에는 주치의인 콘래드 머레이에 의한 치사량 수준의 마취제 투입으로 인한 살인으로 결론을 내렸어요.

🎤 세간에는 그것이 화제가 되어 이런저런 이야기를 하는데, 의학적인 실수였든 고의적인 것이었든 저에게는 그것이 중요한 것이 아닙니다. 당시 저는 마음 한 구석에 늘 죽음을 원하고 있었어요. 저의 지상에서의 삶이 결코 행복하

지만은 않았기 때문이죠.

일거수일투족이 세상 사람들의 관심 대상이었고 언론은 온갖 모함과 거짓으로 저를 공격했습니다. 마음 편한 날이 없었고 어디론가 도망치고 싶었는데 그것 또한 여의치가 않았지요. 또한 저의 완벽주의적인 성격 때문에 스스로에게 주는 압박의 무게 또한 견딜 수가 없었어요. 그래서 무의식적으로 계속 죽기를 원했고, 바라던 바가 이루어진 것이죠. 그를 원망하지는 않습니다. 오히려 고단한 저의 삶을 마무리 지어 준 것에 대해 감사할 따름이죠.

사람은 언젠가는 죽습니다. 그 죽음의 형태가 어떻든 중요한 것은 삶을 어떻게 살아 왔느냐 하는 것이죠. 저는 음악에 있어서 늘 최선을 다했고 사람들의 마음을 아프지 않게 하려고 늘 조심스럽게 행동했습니다. 또한 음악을 통해 세계를 하나로 이어주는 거대한 작업을 이루었고 전 세계 사람들이 저의 음악을 사랑해 주고 저를 기억해 주는 것으로 저는 소명을 다한 것이었으니까요.

음악을 통해 세계를 하나로 이어주는 것이 님의 소명이었다니 그 위대함에 절로 고개가 숙여지네요.

🎙 저의 역할이란 전 세계 사람들의 마음을 하나로 이어주는 것이었으며 그것은 팝을 통해서 가능했던 것입니다. 세계는 각자의 문화를 통해 저마다 독특한 형식의 삶을 유지하고 있고 그것이 장벽으로 작용하여 서로의 이질적인 요소를 받아들이는 데 어려움을 겪고 있습니다. 저는 미국이라는 거대한 자본의 힘과 대중적인 음악을 통해 이런 문화적 장벽을 뛰어넘어 소통의 다리를 만들어 주는 역할이었으며 그 역할은 충분히 해내었습니다. 이제는 이런 문화적 장벽의 다리가 놓아진 곳에 정신문화의 꽃이 흘러가기를 바랍니다.

아, 마이클님은 고단했던 죽음을 통해서 삶을 초연하게 바라보게 되신 것 같아요. 이번 생을 통해서 배운 것이 있다면 무엇인가요?

🎙 삶에는 양면성이 있다는 거예요. 사람들은 항상 마음의 안식처를 찾아 여기저기 돌아다니죠. 그리고 최고의 자리를 위해 앞만 보고 달려가죠. 그곳이 자신의 행복과 마음의 평안을 가져다 준다고 믿기 때문이지만 제가 경험했던 삶은 그렇지 않았어요. 최고의 자리일수록 바닥의 깊이 또한 깊은 것이며 어두운 그늘 또한 짙었어요. 밝음과 어

둠이 동전의 양면처럼 늘 존재하더군요. 그 어떤 화려한 무대도 시간이 지나면 텅 빈 객석만이 남아 인생의 무상함을 보여주는 듯했죠. 영원한 것은 아이와 같은 순수한 마음이라는 것을 깨달았습니다. 순수함만이 영원한 것임을요. 그런 아이의 눈으로 바라본 세상은 영원할 것이라 믿었던 것이지요.

대화를 하다 보니 마이클님은 처음에는 차분하면서도 할 말 다하는 그런 스타일인 줄 알았는데 나중에는 어린아이처럼 순수한 분이라는 느낌이 들었어요. 짧은 시간이었지만 님의 인생에 대해 말씀해 주셔서 감사드려요. 어머멋! 그리고 보니 이름도 안 여쭤봤네요. 넘 재밌어서 호구 조사하는 걸 까먹었다는. 지구인들에게 전하고 싶은 말씀이 있으시다면요?

🎙️ 우리에게는 누구나 다 어린아이와 같은 순수한 마음이 있습니다. 그 순수한 마음으로 사물을 대하고 사람을 대하면 분명 아름다운 세상이 만들어지리라 생각해요. 사람을 의심하고 믿지 못하는 마음은 순수함과 거리가 멀고 소통을 방해하는 가장 큰 요인이에요. 먼저 순수함으로 손을 내밀고 사람들을 맞이해 주세요. 사람들의 순수한 마음을 믿어 주세요. 그것이 서로 하나가 되는 지름길

이니까요. 외롭거나 힘이 들 때 '나엘움'이란 단어를 떠올리세요. 제 본래 이름입니다.

나엘움! 멋진 이름이에요. 님과 대화하며 제 마음도 조금씩 열려가고 있는 걸 느꼈어요. 한없이 부족한 저를 발견하고 그러면서 따뜻해져 가고요. 저랑은 비교도 안 되는 힘든 삶을 살아내셨는데 언제나 밝고 긍정적인 마인드를 보여주신 마이클님이 존경스럽습니다. 동시에 제 자신이 부끄러워지네요. 마이클님이 음악으로 전하려 하셨던 그 '사랑'이 제 가슴을 아리기 시작합니다.

저희가 그 '사랑'으로 세상world을 치유heal할 수 있는 날을 꿈꾸며, 마지막으로 이 세상을 더욱 아름답게 만드는 일은 바로 나 자신의 변화에서 시작된다는 〈Man in the mirror〉의 가사를 되새기며 대화를 마무리하려 합니다.

'If you wanna make the world better place, Take a look at yourself and then make a change'
만약 이 세상을 좀 더 나아지게 하고 싶다면 자기 자신을 들여다보고 변화를 일으켜 봐요.

더 이상 사생활 간섭과 편견 없는 우주별에서 언제나 행복하시길 바라며 마이클님도 저와의 대화가 즐거웠기를요….

☆헤드로포보스별☆

찰리 채플린

소외된 계층에서 태어나 자랐기 때문에
제 삶 자체가 무궁무진한 소재 덩어리일 수밖에 없었고,
그들에게, 세상 사람들에게 그리고 저 자신에게
희망을 주고 싶었습니다.
그것이 제가 바라던 것이었습니다.
사람들이 제 영화를 보고 조금이라도 위안을 얻는다면
그래서 희망을 갖게 된다면,
이 세상은 더 없이 아름다울 것이라 생각했습니다.

찰리 채플린(1889~1977년, 영국)

찰스 스펜서 채플린은 1889년 뮤직홀 연예인의 아들로 태어났다. 어린 시절 부모님의 이혼, 어머니의 정신발작으로 고아원, 빈민구제소를 전전하며 생활했다. 불우한 성장기를 보냈지만 그는 재능을 인정받아 17세 무렵 영국 최고의 인기극단 프레드 카노 극단의 단원이 되어 희극배우로의 재능을 키워나갔다.

1912년 채플린이 속한 극단이 미국 순회공연을 하던 중 영화제작자 M 세넷은 채플린의 연기를 눈여겨보고 할리우드로 초청했다. 1914년 그의 첫 영화가 개봉되었고 1917년까지 수십 편의 영화를 직접 각본, 감독, 주연을 겸하며 제작했다. 이 시기의 작품에서 그는 콧수염, 실크모자, 모닝코트, 지팡이를 이용한 거지신사 분장과 애수와 유머가 합쳐진 연기로 그만의 독특한 개성을 창조했고 이 이미지로 시대의 웃음을 책임지는 아이콘이 되었다.

20년대에 들어서서 작품에 사회적 풍자와 비판이 곁들여지며 〈가짜 목사(1923)〉, 〈황금광 시대(1925)〉 등의 걸작을 탄생시켰다. 〈살인광시대(1947)〉에서는 제국주의 전쟁의 범죄성을 거침없이 다루어서 미국의 보수 세력이 그에게 공산주의란 누명을 씌우고 감시했다. 1952년 자신의 영화 〈라임 라이트〉의 시사회를 위해 영국으로 간 사이 미국은 그를 추방했고 이에 충격을 받은 채플린은 스위스에 정착했다. 1975년 영국 여왕으로부터 기사 작위를 받았고 1977년 스위스에서 자녀들이 지켜보는 가운데 생을 마감했다.

*현재 8차원의 헤드로포보스*에서 살아가고 있다.

★ 8차원의 별로서 안드로메다 성단에 있는 9.2등급의 별. 예술을 통한 진화를 우주의 다른 차원의 행성에 전달하는 역할을 함. 헤드로포보스인 모두가 예술가라고 할 수 있으며 별 자체가 예술작품의 전시장임. 정신문명이 고도로 발달한 행성임.

헤드로포보스 신사, 찰리 채플린

• interviewed by 클레온 •

안녕하세요, 찰리 채플린님~ 저는 클레온이라고 합니다. 저와의 대화에 응해주실 수 있으신지요?

(그를 떠올리자 한 남자가 눈동자를 빠르게 돌리면서 콧노래를 흥얼거리며 춤을 추듯 특유의 일자 걸음걸이로 빠르게 다가온다.)

하하! 아침부터 기분이 메롱이었는데 --; 님의 모습을 뵈니 절로 미소 짓게 되는군요.

🎤 네, 클레온님. 제가 소외된(?) 계층의 마음을 어루만지는

데는 일가견이 있죠.

처음부터 놀리시는 군요. 그래도 감사드립니다. 제가 찰리님과 좀 더 친해지려고 님의 사진을 찾아보았는데 흠흠. 그러고 보니 스모키 화장의 원조 격이셨네요. 사실 님의 영화에 관심이 있었던 건 아니에요. 그러다 우연히 보게 된 자서전 표지 위의 "인생은 가까이서 보면 비극이지만 멀리서 보면 희극이다"라는 글귀에 '오호라~!' 하고 감탄사가 나왔지요. 그때부터 호기심이 동해 제작하셨던 영화를 보기 시작했는데 이게 웬일입니까. 완전 집중하게 되더군요.

🎤 (정중하게 인사하며) 좋게 평가해주시니 감사드립니다.

그도 그럴 것이 말이 없으니 한 장면이라도 놓치게 되면 무슨 내용인지 모르겠더라고요.

🎤 흐음. 처음부터 서로 한 방씩 먹이고 동등하게 시작하는 군요.

동등하게 사이좋게 시작하는 거죠. 에쿠. 죄송합니다. 제가 장난치는 걸 좀 좋아해요. 이해해 주실 거죠?

🎤 저도 누구 놀리고 비꼬는 거 좋아합니다. 클레온님이 제 영화를 보셨다면 벌써 눈치 채셨겠지만.

아하! 물론이죠. 그 부분에 대해선 천천히 여쭤보도록 할게요. 직접 언급하시기도 하셨는데 소외된 계층을 다룬 영화를 많이 제작하셨는데 특별한 이유라도 있었나요?

🎤 음. 우선은 제가 소외된 계층에서 태어나 자랐기 때문에 제 삶 자체가 무궁무진한 소재 덩어리일 수밖에 없었고, 그들에게, 세상 사람들에게 그리고 저 자신에게 희망을 주고 싶었습니다.

찰리님의 영화를 보니 거의 대부분이 돈이 없거나, 신체적 불구이거나, 삶이 고단한 주인공들이 마지막에는 다들 행복하게 되는 동화 같은 해피엔딩 스토리가 많더라구요. 보면서도 참 가슴이 따뜻해지는 영화들이었습니다.

🎤 그것이 제가 바라던 것이었습니다. 사람들이 제 영화를 보고 조금이라도 위안을 얻는다면 그래서 희망을 갖게 된다면, 이 세상은 더 없이 아름다울 것이라 생각했습니다.

왜 아름다운 희망의 세상을 꿈꾸게 되셨던 건지요?

🎤 제가 너무 힘들었으니까요. 제 삶을 유지할 수 있었던 유일한 끈은 '희망'이었습니다. 언젠가는 더 나은 삶을 살게 될 거라는 희망. 언젠가는 행복할 수 있을 거라는 희망이요. 삶을 저버리고 싶은 순간이 수백 번도 더 있었지만 전 그 지독한 가난과 외로움, 고독, 나약함과 정면 승부를 하고 싶었습니다. 자신과의 싸움이라 할 수 있죠. 동시에 저 같은 사람들에게, '서로 사랑하며 배려하고 따뜻하게 이 역경을 견뎌내 보자.' 라는 메시지를 전해주고 싶었죠.

언젠가 찰리님이 생전에 우울증으로 병원을 찾았는데 의사가 진단하길 "지금 당장 찰리 채플린의 영화를 보세요! 당신의 우울증이 한 방에 날아가 버릴 거요!" 라고 했다는 이야기를 들은 적이 있습니다. 님의 심정이 어땠을지 어떤 말로도 표현이 안 되네요. 관객을 웃게 만들었던 배우였지만 정작 님의 몸에 밴 고독은 감출 수가 없으셨나 봅니다. 부랑자의 의상에도 우수에 찬 눈빛은 가려지지 않는 것처럼 말이죠. 자신의 고독, 아픔을 영화라는 예술 작품으로 멋들어지게 승화시킨 찰리님! 왜 지구에 나오셔서 사서 고생을 하셨나요?

🎤 지구에 있을 땐 내 삶이 왜 이렇게 녹록치 않나 하고 수없이 고민했지만 결국 제 스케줄이었던 거죠. 아는 만큼 보인다고 숲은 지나가면서 보는 것보다 그 숲 안에서 살아봐야 나무는 몇 그루나 있으며, 또 나무 하나하나의 생김새가 어떤지 이파리는 어떤지 오솔길은 어디서부터 어디까지인지, 작은 개울은 있는지, 개울 위의 오리는 있는지, 있다면 몇 마리인지 세세하게 알 수 있죠. 이처럼 더 많이 알기 위해 제가 선택했던 저의 운명이었던 것이죠.

방금 운명을 선택했다고 하셨는데 우주인들은 운명에 대한 선택권이 있나보죠?

🎤 그럼요. 저희 우주인들은 이 별 저 별, 지구를 포함한 우주의 모든 행성과 기본 스케줄을 자신의 진화를 위해 선택할 수 있답니다. 물론 100% 자유의지에 따라 결정되는 것은 아니지만 자신이 제출한 신청서(?)가 해당 별 운영기관에 의해 채택되면 경우에 따라서는 상위 수준의 별에서 관여가 가능하기도 합니다.

자세하게 설명해 주시겠어요? 저로서는 자신의 운명을 선택하여 다른 별에 태어날 수 있다는 사실(?)을 받아들이기가 쉽진 않네요.

🎙 (잠시 생각하시더니) 우주인들이 지구에 내려가는 방법은 크게 두 가지가 있습니다. 어떤 특별한 임무가 있어 상부기관에 의해 선정되어 내려 보내지는 경우가 있고, 자신의 선택에 의해 가는 경우가 있죠.

전자의 경우는 지구 인류 역사에 크게 기여할 만한 업적을 남겨야만 하는 특수요원 같은 성격을 띤 우주인들이고, 후자는 하고 싶은 공부를 선택하여 지구에 태어나 영적 진화를 이루려는 목적인 경우입니다. 저는 후자 쪽에 속하는데, 저희 별 헤드로포보스의 차원이 다른 예술을 지구에 소개하고, 그 예술을 통해 진화 과정을 보여주는 역할모델이 되는 역할을 맡기도 했었죠. 일종의 모범 답안이었다고나 할까요.

그럼 전자 쪽에 더 가까운 게 아닌가요?

🎙 그렇게 생각할 수도 있겠지만 전 제가 원한 선택이었으니까요. 역할모델이 되어야 한다는 부담감에 지구에 내려가기 전 잠시 플레이아데스*라는 별에서 머물기도 했었

습니다.

무슨 말씀이신지?

🎙 헤드로포보스는 8차원의 별로서 고도의 정신문명이 발달되어 있습니다. 3차원의 지구보다는 차원이 높아서 적응 과정이 필요했던 거죠. 일종의 예습이랄까요. 플레이아데스만큼 지구인의 감정에 대해 다양하게 공부할 수 있는 별은 이 우주에 없거든요. 도움이 많이 되었습니다.

그냥 바로 내려오셔서 정면 돌파하실 수도 있었을 텐데요. 대화 내내 이렇게 자신감이 충만하신걸 보면 말이죠.

🎙 제가 완벽주의자거든요. 제 이름을 걸고 하는 일을 우왕좌왕 시행착오를 겪고 싶지 않았습니다.

★ 6차원의 별로서 황소자리에 있으며 8.6등급의 별. 황소자리는 7개의 별로 되어 있으며, 플레이아데스인들은 지구인들이 가지는 감정에 대해 잘 알고 있는 것이 특징임.

어쩐지 님의 영화를 보면서 내내 그 완벽한 타이밍에 연이은 감탄사를 내뱉게 되더라고요. 음악과 동선, 대사처리, 상대방과의 호흡이 완벽하게 맞아 떨어져 장면 하나하나가 살아있는 것을 보면 얼마나 많은 연습을 했을지 짐작이 가더라구요.

🎤 (정중히 인사하며) 단 한 번을 웃기기 위해 똑같은 동작을 백 번 이상 연습했습니다. 그게 내 것이 되어 어색하지 않고 자연스럽게 표현되게 하기 위해서죠.
클레온님도 연기를 해봐서 알겠지만 불필요한 동작은 진정성을 떨어뜨리는 요인이 됩니다. 이 지점에서 저 지점으로 움직일 때도 팔을 뻗을 때도 이유가 있어야 하며 움직임 하나하나가 의미를 담고 있어야 하죠. 그러기 위해선 장면 하나에 대한 끊임없는 연구가 필요하고 그에 따른 연습을 해야 합니다. 요즘 배우들은 대사에 치중하여 외우기에만 열을 올리고, 말로 감정 표현하는 게 연기인 줄 알아 동선에 대한 연구를 게을리하는 점이 안타깝더군요.

그래서 유성영화의 도래에도 굴하지 않고 십여 년을 무성영화만 고집하셨던 건가요? 아님 다른 이유가 있으셨나요? 흔히들 말로 하면 더 쉽게 메시지 전달이 된다고 생각하잖아요.

🎤 사람은 말과 행동으로 의사표현을 할 수 있습니다. 둘 중에 무엇이 더 설득력이 있냐 하면 바로 행동입니다. 말로는 거짓말을 해도 몸은 거짓을 말하지 않거든요. 말이 거짓이 되는 건 행동으로 안 보여줬기 때문입니다. "말로 무엇을 하겠다" 할 것이 아니라 행동으로 바로 보여준다면 직접적이고 간결한 의사표현이 되겠죠. "당신을 사랑합니다" 라는 말보다 상대방의 손을 따뜻하게 잡아준다거나 안아준다면, 사랑한다는 직접적인 말보다 더 적극적인 의사표현이 되겠죠. 이것이 바로 연기의 기본철학이기도 합니다.

 ── 그의 삶, 그의 영화 ──

이 분위기를 슬쩍 타 작품 얘기 좀 더 해봐도 되겠죠? 살아계실 때 54년 동안 81편의 영화를 제작하셨고 그 중 5편이 무성영화, 67편은 서른 이전에 완성하셨다고 들었습니다. 30대의 나이를 갖고 있는 지구인의 한 사람으로서 부끄러워 고개가 숙여지네요. 그 중 가장 애착이 가는 작품이 있다면요?

🎙 글쎄요. 다 애착이 가죠. 제 작품들이 제 인생의 전부인데요.

그래도 하나 콕 집어 말씀해 주신다면요?

아무래도 〈키드*〉를 꼽고 싶습니다. 자서전을 보셨다면 아시겠지만 우여곡절을 겪은 작품이어서 그런지 더욱 아끼게 되네요.

〈키드〉가 첫 무성 장편영화죠? 첫 부인이었던 밀드레드 해리스가 이혼 당시 위자료로 키드의 필름을 요구했었다고 할 정도였고 찰리님은 500롤(약 122km)이나 되는 엄청난 분량의 필름을 들고 솔크레이트 시티 한 호텔방의 열악한 환경에서 장장 15개월에 걸쳐 편집을 완성했다고 알고 있는데. 역시 〈키드〉였군요.

또 찰리님의 자서전에 〈키드〉가 슬랩스틱 코미디와 감성적인 드라마가 결합된 새로운 형식의 영화였다고 서술되어 있던데 그 시대에 '형식파괴'라는 고정관념을 깰 수 있었던 용기와 자신감은 어디에서 비롯되었나요?

🎤 삶은 단순하지 않죠. 하루 아니 한 시간, 십 분 사이에도 수시로 변하는 게 인간의 마음입니다. 기쁜 일이 있어도 하루 종일 웃을 수는 없는 것이고, 슬프다고 하루 종일 울 수도 없는 것이죠. 삶을 다루는 영화를 만들면서 한

★ 찰리 채플린의 첫 장편영화로 그의 경험이 총체적으로 결합된 작품. 버려진 아이를 키우게 된 부랑자의 이야기를 다루었으며 1921년에 개봉됨.

가지 감정으로만 전체 줄거리를 끌고 갈 수는 없는 일이지요.

남녀가 헤어지는 슬픈 순간에는 눈물을 흘릴 수 있겠지만 '안녕' 하고 돌아서자마자 빙판길에 미끄러져 엉덩방아를 찧었다면 웃을 수도 있지 않겠습니까? 눈물과 웃음이 범벅이 되는 순간이죠. 그게 우리가 사는 삶이 아닐까요? 그런 것을 표현하고 싶었습니다. 게다가 관객들이 제 예술세계를 이해해 줄 거라는 믿음이 있었습니다. 아무리 시대에 뒤처진 구닥다리라 하더라도 그 안에 철학이 있고 감동이 있다면 등 돌릴 이유가 없거든요.

예술의 본질은 하나입니다. 그 형식이라는 것도 누군가가 만들어낸 고정관념이므로 저도 제 작품으로 혼합된 형식을 만들어 낸다면 그게 또 다른 고정관념이 되는 거죠. 왜 남이 만들어 놓은 형식에 저를 가두어야 합니까? 예술가 자신이 자신의 직감을 믿지 못하고 흔들린다면 그 작품에 누가 공감할 수 있을까요?

그렇죠. 〈키드〉라는 작품이 컨티뉴이티*만 조금만 더 매끄러웠다면 더 완벽한 작품이 되었을 텐데요. 안타깝습니다. 앗, 놀리는 버릇이 또 나왔네요.

🎙️ 저로서도 안타깝긴 하지만 〈키드〉 편집 당시의 상황을 이해해 주셨음 합니다. 아무도 문제 삼지 않았었는데 클레온님만이 잡아내셨군요. 예리하십니다. 예술작품을 그런 비판의 눈으로 보셨다니 감동이 덜 하셨겠지만요. 하하하.

은근 놀리시는군요. 대화 초반부에 찰리님께서 남을 비꼬고 놀리는 걸 좋아한다고 직접 말씀하시기도 하셨지만 그 비꼼이 님의 대표작이라 할 수 있는 〈모던 타임즈〉와 〈위대한 독재자〉에서 가장 빛을 발하지 않았나 싶습니다.
〈모던 타임즈〉를 보면 공장에서 나사 조이는 일을 하는 주인공이 동그란 모양의 단추만 봐도 조여야 되는 나사로 인식해 큰 단추달린 옷을 입은 길 가던 여자를 쫓아가질 않나, 길을 걷다 차에서 떨어진 깃발을 줍는 순간 데모의 주동자로 오인되어 체포되는 등의 장면들이 있었지요. 이런 장면들은 단 몇 초의 장면으로 사회를 제대로 꼬집어 주었습니다. 메시지 전달능력은 타의 추종을 불허하신다는. 노하우가 있으신지요?

★ 영화나 텔레비전 드라마의 촬영을 위하여 각본을 바탕으로 필요한 모든 사항을 기록한 것. 배우들의 옷이나 소품 등이 장면의 연계성을 유지할 수 있도록 작성하는 촬영용 대본. 콘티라고도 함. 〈키드〉에서는 주인공 꼬마가 같은 장면에서 촬영 앵글이 달라질 때마다 모자를 쓰고 있기도 하고 벗고 있기도 함.

🎙 효과적인 메시지 전달을 위해서는 상호 간의 믿음이 전제가 되어야 합니다. 가령 클레온님이 친구의 밥 먹는 습관을 보기 좋게 고쳐주고 싶다면, "너는 왜 그렇게 시끄럽게 정신없이 밥을 먹는거니?" 라고 대놓고 말하기보단 친구의 밥 먹는 습관을 흉내 내며 보여준다면 웃음을 유발할 수 있겠죠.

사람들은 누군가가 자신에게 좋은 의도로 조언하려고 하는 걸 알면서도 직접적으로 손가락을 들이대면 본능적으로 방어하려 합니다. 일단 거부하고 보는 거죠. 그러면서 "너나 잘해!" 하고 맞받아치게 됩니다. 좋게 얘기해도 다 알아 듣는 게 인간입니다. 이성적 존재이기 때문이죠. 허나 감정을 건드리게 되면 이성적으론 받아들여도 감정적으론 밀쳐내게 됩니다.

제가 왜 코미디라는 장르를 선택한 줄 아십니까? 코미디라고 하면 사람들이 마음 놓고 봅니다. 심각한 이야기가 아닐 거라는 일종의 믿음이 있기 때문에 무장해제가 되는 거죠. 다시 말해 조건 없는 신뢰를 준다고 할 수 있지요. 이 사람은 혹은 이 코미디는 나를 해치거나 다치게 하지 않을 거라는 믿음. 그러려면 사랑이 바탕이 되어야 하는 것은 당연한 거죠. 또 사랑이 있어야 상대에 대해 더 잘 볼 수 있는 것입니다. 안 그래도 먹고사는 것도 힘든데 메시지를 전달한다고 심각하고 무서운 표정으로 "너 이거 이거는 잘못됐어, 고쳐!" 라고 소리 지른다면 어느 누가 좋아할는지요. 깔깔거리고 웃고 즐기는 사이 생각지도 못한 스토리가 전개된다면 반전 효과로 그 메시지는 더 깊게 기분 좋게 파고드는 것입니다.

그래서 찰리님 작품의 메시지 영향력이 실로 막강하셨던 거군요. 히틀러를 풍자하셨던 〈위대한 독재자〉에서도 재치 있고 익살스럽기까지 한 장면들로 웃음을 멈출 순 없었지만 마지막 연설 장면은 여러 생각을 하게 하던데요. 어찌 보면 님께서 평생 영화를 통해 사람들에게 전하고자 하셨던, 찰리님 본인께서 직접 하시는 연설이 아니었나 싶을 정도로 진실되게 다가왔습니다. 절제된 감정 연기도 완전 판타~스틱!
히틀러도 〈위대한 독재자〉가 개봉되었을 때, 모든 점령국에 상영을 금지시켰지만 결국은 호기심을 못 이겨 포르투갈을 통해 입수된 필름을 한 번이 아니라 두 번이나 보았다고 전해지는데요. 그가 볼 줄 아셨나요?

🎙 보라고 만들었는데 당연히 봐야지요. 흠. 사실 제가 나치 강제 수용소에서 벌어진 잔인한 살인과 고문을 알았더라면 그 영화를 만들진 못했을 겁니다.

하하. 정말 무식한 게 제일 용감한 거군요. 근데 찰리님이 히틀러… 히틀러 '님'이라구 해야 하나? 대학살을 주도했던 사람에게 '님'자 붙이기가 좀 거시기 하네요. 하여튼 히틀러보다 4일 먼저 태어나셨잖아요. 나이도, 키도, 생김새도 비슷하고요. 그냥 우연의 일치인가요? 아님 거기에도 심오한 우주의 뜻이 있었던 건지요?

🎤 지구상에 우연이란 없죠. 바닷가에 모래 한 알, 뺨을 스치는 기분 좋은 바람 한 자락도 석양의 아름다운 노을도 그냥 우연히 존재하진 않죠. 그게 우주의 이치랍니다.
(잠시 뜸을 들이며) 하지만 저의 경우는 우연입니다.

뭐예요! 대단한 특종이 나오는 줄 알고 바싹 긴장하고 있었는데!

🎤 애석한 일이긴 하지만 우주인들 중에는 좋지 않은 의도로 지구에 내려가는 경우도 있습니다. 히틀러도 그중 하나였지요. 물론 저희 별 출신은 아니었으나, 그가 저지른 일에 대해 고통을 겪으신 분들께 대신 사죄 말씀드립니다. 동시대를 살았던, 그 시대에 지구를 찾은 저를 비롯한 여러 우주인들이 히틀러를 견제하며 갖가지 방법으로 그를 저지하였죠. 그도 자신이 오래가지 못하리라는 걸 예

견하고 스스로 생을 마감했습니다만.

워~ 워~ 분위기 좀 바꿔야겠어요. 〈위대한 독재자〉라는 그 무시무시한 히틀러로부터도 살아(?)남으셨는데 정작 제2의 고향이라 할 수 있었던 미국은 떠나셔야만 했습니다. 미국의 J. 에드거 후버 전 FBI 국장은 찰리님 영화의 메시지가 신경 쓰여 오랜 기간 님을 괴롭혔었죠. 님에 관한 FBI 파일이 1,900여 페이지에 달했다는 소문도 들었는데요. 의도하셨던 일이셨는지요?

전혀요. 도둑이 제 발 저렸다고 할까요? 당시 '그는 자신이 가진 권력으로 여론을 조정해 미국을 배후에서 지배하고자 했던 인물이었습니다. 전 그냥 영화를 만들었을 뿐인데 그의 지나친 과민반응에 놀랐습니다. 그러나 다른 각도로 제 작품을 인정받은 것 같아 긍정적으로 받아들이려고 노력했습니다. 예술은 표현의 자유가 인정되어야 한다고 생각했어요. 지구인들이 정치적 이념이나 경제적 제재, 도덕적 관념에 지배당하는 것만도 피곤한데 그런 피곤함을 예술을 통해서라도 풀어야 숨을 돌릴 수 있는 것이 아닐는지요? 전 제 영화를 통해 조여 있던 사람들의 숨통을 조금이나마 느슨하게 해주고 싶었습니다.

하지만 여기저기에서 공격을 많이 당하셨잖아요. 사람들의 숨통을 트이게 해주시려다가 오히려 찰리님 숨통이 막히신 건 아니었나요?

🎤 글쎄요. 전 제 영화에 세상 사는 사람들의 이야기를 담고 싶었어요. 그 시대의 이야기를 해야 하는데 당연히 시대의 정치나 경제상황이 반영되어야지요. 언제나 사랑만 할 순 없는 노릇이지 않습니까. 어떤 대상을 비난하려 했다기보단 이 시대를 살아가고 있는 사람들에게 그들이 그냥 간과하고 지나칠 수 있는 모순들을 제 영화를 통해 보여주고 싶었던 거죠. 거울을 통해야 자신의 모습을 들여다볼 수 있는 것처럼요. 예술작품으로서 풍자와 해학을 받아들이면 되는데 그러지 못했지요. 당시 지구인들의 의식수준을 말해주는 것이기도 하고요.

맞아요. 그 의식이란 게 바뀌고 자라는 게 쉽진 않은가 봐요. 대화가 진행되면 진행될수록 찰리님이 멋있어질려구 하네요. 아하! 그래서 그렇게 여자들에게 인기가 많으셨던 거군요.

🎤 그 얘기를 왜 안 꺼내고 계시나 했습니다.

하하. 원래 이런 얘기는 아끼고 아껴 놓았다가 결정적 순간에 끄집어내야 된다고요. 자료를 보니 4번의 결혼과 10명의 자녀를 두셨더라고요. 공식적으로요. 그 외에 데이트했던 여자들은 다 빼고 말입니다. 근데 한 가지 흥미로운(?) 사실이 저의 관심을 확 끌었습니다. 결혼했던 부인들이 다 십대였더군요. 무슨 특별한 이유라도 있었던 건가요?

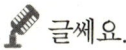 글쎄요.

혹자는 대부분의 남성들이 조금씩 가지고 있다는 로리타 컴플렉스가 아닐까 의심을 하기도 합니다만.

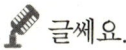 아무래도 첫사랑의 영향이 컸죠. 제가 극단에서 공연할 때 만났던 첫사랑, '헤티 캘리'. 전 그녀에게 첫눈에 반했고 처음으로 결혼을 꿈꿨습니다. 너무도 아름다워 숨이 멎을 정도였죠. 사실 전 어려서부터 빨리 가정을 이루고 싶었습니다. 결혼을 하게 되면 이리저리 떠도는 제 방황도 끝이 날 거라 믿었었던 거죠. 후에 만나는 여자들로부터 헤티를 보려 했었음을 고백합니다. 결국 '우나'가 제 생을 행복하게 해준 유일하면서도 마지막 여자가 되었던 셈이죠.

우나라면 찰리님의 네 번째 부인이자 마지막 부인인 유명한 극작가 유진 오닐의 딸 '우나 오닐'을 말씀하시는 건가요? 그녀 역시 열여덟 살에 찰리님과 결혼해 여덟 명의 자녀를 낳았죠. 요즘 말로 다산의 여왕이셨네요. 두 분 나이가 서른여섯 살 차이가 나던데 어떻게 극복하실 수 있었나요?

🎙 우나는 현명한 여자였습니다. 나이는 어렸지만 사려 깊고, 남을 배려할 줄 알고, 무엇보다 저를 다룰 줄 알았습니다.

물론 아름다우셨겠죠?

🎙 하하. 그 당시 전 이미 고집불통에 이빨이 빠질락 말락하는 호랑이였는데 그녀가 제 안의 소년을 끄집어내 주었고 절 다시금 남자로 느끼게 해 주었습니다. 사실 그땐 너무 지쳐 다시는 여자를 안 만나려고 할 때였거든요. 참 고마운 사람입니다.

인생은 희극이다

한 가지 궁금한 게 있는데요. 처음에 찰리님은 님이 살고자 하는 운명을 직접 정하고 지구에 왔다고 했는데 왜 삶을 힘들어하셨나요?

하하. 그게 다 망각 프로그램 덕분이죠. 비록 지구에서의 스케줄을 제가 선택했다고는 하나 내려가기 전 기억을 다 지워버립니다. 그래야 더 다이내~믹하고 스트로~~옹한(위대한 독재자에서의 말투) 경험을 할 수가 있죠. 그리고 기본적인 자신의 인적사항, 소명이나 사명은 정하고 태어나지만 언제나 변수라는 것이 있기 때문에 100% 자신이 원했던 삶을 완성해 나가는 건 분명 쉬운 일이 아닙니다.

그러게요. 말이 쉽지 실제로 당해보면 무지 힘들죠.

🎙 인생사 다 고진감래라고. 그래야 기쁨이 더 크지 않겠습니까. 저는 일부러 제 삶을 더 힘들게 짜고 나왔는걸요. 힘든 만큼 제가 해냈다는 뿌듯함이 더 크니까요.

아니 외국분이 사자성어를 마구 구사하시네요. 참으로 신선합니다.

🎙 하하. 저도 클레온님 만나기 전에 공부 좀 했습니다.

헉. 갑자기 밀려오는 이 불안감은 뭐죠? 지구에서의 삶을 점수로 매긴다면 몇 점이나 주실 수 있으신지요?

🎙 99점쯤? 우나와 좀 더 일찍 만났더라면 120점 정도는 줄 수 있었는데 말입니다.

와우~ 정말 행복하셨나 보네요. 지금도 같이 계시나요?

같은 별에 있진 않지만 가끔 파장으로 소식을 묻곤 한답니다.

네. 두 분의 사랑 완전 부럽습니다. 오늘 대화 내내 저를 웃겼다, 울렸다, 놀래키셨던 찰리님! 마지막으로 지구인들에게 하실 말씀이 있다면요?

🎙 비록 지금은 나에게 닥친 일이 하늘이 무너져 내린 것 같은 절망을 주더라도 여러분은 여러분 자신이 선택한 삶을 쉽게 포기해서는 안 됩니다. 우주 어디에선가 지구로 내려온 여러분은 여러분이 극복할 수 있는 능력이 있음을 아는 분들이고 다들 뽑혀서 내려오신 분들입니다.
"인생은 가까이서 보면 비극이지만 멀리서 보면 희극이다!"라는 말을 잊지 않으셨으면 좋겠습니다.

끝까지 좋은 말씀으로 저희들에게 용기와 희망을 주신 점 감사드립니다. 저도 제 삶에 대해 불평만 하지 말고 지구에서의 삶을 주신 모든 분들께 감사드리며 겸손한 마음으로, 넘쳐흐르는 열정과 사랑으로 헤쳐 나가보겠습니다.
이 시대의 '위대한 배우'이자 전 세계인들의 마음을 사로잡았던 찰리 채플린님! 님은 당신이 겪었던 인생의 고독과 가난에도 불구하고 시대의 양심을 대변했던 어쩌면 우리들의 '위대한 독재자'였는지도 모릅니다. 진정한 휴머니스트셨던 님께 존경의 마음을 가득 담아 당신께서 남기신 명언으로 이 인터뷰를 마치려고 합니다.

> *위대한 배우의 가장 중요한 자질 또는 덕목은 무대에 서는 자기 자신을 사랑하는 것이다.*
>
> *_찰리 채플린*

지구라는 무대에 선 전 세계의 지구인들이 모두 자기 자신을 사랑하는 날을 꿈꾸며.

제2막

독립적인 여성의 삶을 살다

: 코코 샤넬 , 마리아 칼라스 :

20세기를 빛내었던 두 사람의 여성, 코코 샤넬과 마리아 칼라스.
두 사람 모두 자신의 분야에서 일가를 이루어 내었지만
사랑에 있어서는 전혀 달랐다.
사랑을 잃고 무너진 마리아와
자신의 일에 철저하게 몰입해 들어간 코코 샤넬.
한 시대를 풍미했던 당당한 아름다움을 지닌
그녀들을 만나다

☆시리우스별☆

코코 샤넬

자신을 구속하던 옷에서 벗어남으로써
자기 사랑을 실현하라는 메시지를 주려 했습니다.
더 이상 남자에게 종속되고 성 안에 틀어박혀
'누구누구 백작의 아내' 이런 타이틀이 아닌 한 인격체로서
'나는 코코 샤넬이다'라고 당당히 말할 수 있는
자신감을 주고 싶었죠.
자신을 책임질 수 있는 사람은 오직 나뿐입니다!
자기 자신을 사랑하세요.

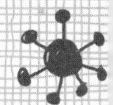
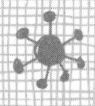

코코 샤넬(1883~1971년, 프랑스)

샤넬은 프랑스 남서부 오벨뉴 지방에서 태어났다. 12세 되던 해 어머니가 사망하고 고아원과 수도원을 전전하며 어린 시절을 보냈다. 성인이 되면서 카바레에서 노래를 하던 그녀는 코코라는 예명으로 불리었는데 당시 교제하던 장교인 에티엥느 발장과 함께 파리 근교로 이주했다. 이주 후 1909년 모자가게를 개업하고 1910년 샤넬모드라는 모자 전문점을 개업한 샤넬은 발장과 헤어지고 영국의 아서 카펠과 교제를 시작했다. 모자사업이 탄력을 받기 시작하면서 1913년 드빌에 2호점을 개설하고 1915년에는 〈메종 드 꾸뛰르〉를 오픈했다. 1916년 새로운 디자인과 소재로 콜렉션을 발표해 대성공을 거둔 샤넬은 패션계의 화제가 되었다. 이어 1921년 조향사 에른스트 보와 함께 그녀의 첫 향수 샤넬 넘버 5와 22를 발표했다. 1934년에 기업가로 성장을 한 샤넬은 1939년 근로자들의 대규모 파업에 충격을 받고 이후 15년간 패션계를 떠났다. 1954년에 스위스 망명생활을 접고 파리로 돌아온 샤넬은 1955년 울 소재의 새로운 샤넬 슈트를 발표, 오늘날까지 많은 여성들의 사랑을 받는 패션 아이템이 되었다. 장식이 많은 옷을 배제하고 단순한 디자인으로 여성들을 관습에서 해방시켰다고 평가받는 그녀는 1971년 87세로 사망했다.

* 현재 5차원의 시리우스에서 '에크란'이란 이름으로 살고 있다.

 # 시리우스별의 똑똑한 이기주의자, 코코 샤넬

• interviewed by **클레온** •

서점에서 발견한 책 한 권, 그 안에서 또 우연인지 필연인지 만나게 된 그녀, 코코 샤넬. 20세기 여성 패션에 커다란 혁신을 불러일으키면서 세계적인 패션 제국 '샤넬'을 이룬 그녀도 혹시?

안녕하세요. 코코 샤넬님. 클레온이라고 합니다.

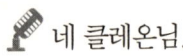 네 클레온님.

저와 대화해 주실 수 있으신지요?

만나 뵙게 되어 반갑습니다.

무한 영광입니다. 전 지금까지 샤넬이라고 하면 감히 접해볼 수 없는 비싼 명품 브랜드라고만 생각했었는데, 오늘 책을 읽다 보니 그 매력에 푹 빠져버렸습니다. 반나절 만에 다 읽어버렸는걸요. 제가 인생의 그런 굴곡을 겪었다면 완전 망가져서 그 늪에서 헤어나기 힘들었을 텐데 자신에게 쉼 없는 채찍질을 가하시며 앞으로 나아가신 점이 정말 대단하셨다는 생각이 들어요.

 그야 당연한 것 아니겠습니까? 나는 코코 샤넬입니다.

포스가 장난이 아니시군요. 근데 우주에서의 성함은 어떻게 되시는지요?

 에크…란입니다.

네? 란님?

 아뇨. 에크란입니다.

하하. 농담을 캐치 못하다니! 이런 일은 별로 없는데 대단하신 분이라 제가 긴장했나 봅니다. 한 유머, 한 포스 하시는군요. 약간 까칠하신 것 같기도 하고요.

근데 이런 말씀드리긴 뭐하지만 파란만장한 삶을 사셨더라고요. 고아원에서 자란 유년시절부터 생을 마감하기까지 한순간도 순탄하지 않으셨어요. 특히 나치 첩보원 경력은 좀 충격적이기까지 했습니다. 이런 지구에서의 스케줄은 스스로 선택하신 건가요?

🎙 저의 지구에서의 출생은 철저한 계획 아래 이루어졌습니다. 부패한 귀족사회의 대표 격인 유럽, 그것도 프랑스의 이름 없는 집안에서 태어난 것도 남들에게 주목받지 않기 위한 선택이었죠. 그 당시 프랑스의 이름 있는 가문들은 서로의 사정들을 속속들이 다 알고 있었으니까요. 덕분에 사회 밑바닥부터 경험하게 되어 현실감각을 익혔습니다. 수녀원에 딸린 고아원에서의 생활은 감정의 절제에 대해 배울 수 있는 최상의 환경이었고요.

지금에야 그렇게 말씀하시지만 많이 힘드셨을 텐데요.

🎙 지금은 기억도 잘 안 나는 과거에 대해선 별로 말하고 싶지 않네요.

역시! 그럼 지금 계신 별 이름과 하고 계신 일을 여쭤 봐도 되나요?

🎙 시리우스에 있고 의복관련 일을 하고 있습니다.

그렇군요. 가브리엘★ 님은 어떤 과정을 거쳐 지구에 오시게 된 거죠? 갑자기 궁금해졌어요.

🎙 우리가 지구에 태어나기 위해서는 상부에 보고해야 하는데 그렇게 되면 일정에 맞춰 태어날 수 있습니다. 하지만 지구의 모든 것을 자유의지로 선택할 수는 없기 때문에 간혹 신청이 받아들여지지 않는 경우도 있어요. 자신의 목적에 맞는 주변 환경과 육체적 환경을 갖추어야 하는데 이것은 우리가 선택할 수 없는 범주에 들어가는 경우가 많이 있습니다. 만약 상부의 사전 결재 없이 몰래 지구에 태어나려 할 경우에는 우주의 운행법칙에 따라 저지당하게 되어 있죠.

★ 코코 샤넬의 본명

지구인이 되고 싶다고 다 되는 것이 아니군요. 아무나 지구인이 될 수 없다니! 왠지 뿌듯하네요.

🎙 하하. 스케줄에 대한 계획서를 제출하면 실현 가능성에 대한 평가를 받고 지구에 이익이 된다는 결정이 나면 자신이 원하는 스케줄에 맞추어 태어날 수 있어요. 하지만 자신이 스케줄을 짜고 올 확률은 낮고, 태어난다고 해도 지구의 특성상 그 전의 모든 기억을 지우고 태어나는 시스템으로 인해 자신이 지구에 왜 왔는지 잊어버리게 되는 거죠. 오기 전에 미리 짰던 스케줄 그대로 지구에서의 목적을 찾게 되는 경우는 극히 드물어요. 때문에 특별한 목적을 가지고 태어나는 사람이 있는 경우에는 해당 별에서 지원그룹을 결성하여 물심양면으로 지원을 하고 있습니다. 이러한 지원은 직접적으로 하는 경우도 있고 지금 대화를 하시는 것처럼 파장을 통해서 일깨우는 경우도 있어요. 특이한 경우에는 그대로 두고 그가 어떤 선택을 하는지 결과와 과정만 기록하고 관찰하는 경우도 있습니다.

태어난 목적을 잊어버리고 달성하기도 힘들어서 고향별 친구들의 응원을 받아가면서까지 굳이 지구에 태어나야 할 이유가 있나요?

🎤 지구에는 엄청난 에너지가 있어요. 우주에서 온 생명이 지구에 하나라도 태어나면 그를 통해 해당 별에 에너지가 연결되죠. 파장을 통해 상호 교류를 하는데 지구의 에너지도 전달이 되는 것입니다. 이 에너지를 통해 우리 행성에 엄청난 활력을 주는 경우가 많이 있어요. 물론 자신의 목적을 잘 달성하고 있을 때만이 가능하지만요.

그러면 지구에 태어난 우주인은 지구의 에너지를 그 별로 보내는 통로가 되는 것이네요.

🎤 지구에서도 다른 지역으로 유학 간 자녀가 보내오는 편지를 서로 읽으면서 자랑을 하듯이 우주에서도 우리 행성 출신의 우주인들이 자신의 역할을 통해서 지구에서 인정을 받는 경우 좋은 에너지가 간접적으로 전달이 돼요. 이것은 변화가 거의 없는 행성에서는 엄청난 자극이지요. 그 모습을 보고 다른 이들도 지구에 태어나거나 타 별에 태어나기 위해 지원하는 경우도 있고요.

에너지를 전달하는 것 외에 다른 이유가 있다면요?

지구에서의 삶을 마무리하고 돌아가면 저희 별에는 다양한 경험들이 축적이 되고, 그 경험을 공유하여 간접 교육이 되기 때문에 우리의 진화를 촉진하는 결과로 이어지게 돼요. 단순히 문명이 발전하는 것과는 차이가 있죠. 우리의 문명 수준이 훨씬 높기 때문에 개인의 경험을 통해 특정한 것들을 전수하는 경우가 많지 지식이 도움되는 것은 아닙니다. 저처럼요. 지구에서 얻어지는 가장 값진 것은 계속적으로 변화되는 경험입니다. 이 경험은 매 인간마다 다르게 나타나고 있어서 너무도 다양하죠. 우주인들도 삶을 살아가는 데 다양한 경험을 하는 것이 매우 좋습니다. 그래야 더 많은 일을 할 수 있기 때문이죠. 경험의 많은 부분은 감정에서 발생하게 됩니다. 지구에서처럼 다양한 감정을 경험할 수 있는 곳도 없고요.

샤넬, 그녀가 지구에 온 까닭은?

우주인들도 옷을 입나요? 제 상상엔 우주인 하면 ET가 바로 떠오르면서 축축하고 주름진 살결에 대한 강렬한 인상 때문인지 옷이 필요 없을 거 같은데 말이에요. 두 번째 손가락 들어서 '우린 친구' 이렇게 인사해야만 할 것 같은데, 아닌가요?

 하하. 저희도 몸이 있는데 당연히 옷을 입죠. 지구인들처럼 치장하기 위해 입는 건 아니지만요.

그럼 우주인에게 옷의 역할은 무엇인가요?

🎙 몸을 보호하기 위함이죠. 기능적인 이유로 옷을 입는답니다.

기능적인 이유라 함은?

🎙 자신이 하는 일을 나타내 주기도 하고 일을 할 때 기적_{氣的}인 보호(나쁜 에너지로부터)를 받기 위해 입기도 합니다.

그럼 군복이나 교복처럼 모두가 똑같은 옷을 입는 건가요?

🎙 그건 아니고 저희도 옷을 통해 각자의 개성을 표현하기도 합니다. 허나 지구에 비해선 무척 단순하고 절제되어 있죠.

지구인들도 몸을 보호하고 개성을 표현하기 위해 옷을 입는 것 같은데 아닌가요? 우주인들과 지구인들의 옷에는 어떤 차이가 있는 건가요?

🎙 옷의 노예가 되지 않는다는 겁니다. 우선 활동이 자유로워요. 몸에 짝 달라붙거나 조여서 움직이거나 숨쉬기가 불편할 정도의 옷은 없고 편안하고 실용적이에요. 그러

면서도 격이 있답니다.

그야말로 샤넬이네요. 옷의 노예가 되지 않는다는 말씀이 구체적으로 어떤 뜻인지 궁금합니다. 이에 대해 까칠한 설명 부탁드려도 될까요?

🎤 대부분의 지구인들은 옷을 디자인할 때 스케치를 먼저 합니다. 소위 패션 일러스트레이션이라 불리는데 어떤 이미지를 떠올린 다음 거기에 인간의 몸을 맞추려 하죠. 몸이 옷에 구속되어 그 규격에 자신의 사이즈를 맞추기 위해 무리한 다이어트를 하기도 하고 스트레스를 받기도 합니다. 옷이란 게 왜 사람에게 부담주고 스트레스 주는 존재여야만 하죠?
저는 인간의 몸에 맞게 옷을 디자인하려고 노력했습니다. 몸을 구속하지 않고 가장 편안하면서도 스타일이 있는 품격 있는 옷을 만들고 싶었죠. 그리고 절제된 감정을 표현하고 싶었습니다. 블랙과 화이트의 무채색을 기본으로요.

어떻게 보면 지구에 계셨을 때 시리우스의 옷을 저희에게 소개하셨던 거네요!

🎙️ 그렇다고 해야 하나요? 제가 지구에 있을 땐 여자들이 치렁치렁한 드레스와 액세서리로 온몸을 휘어 감고 걸을 때나 움직일 때 숨쉬기조차 불편해하는 걸 이해할 수 없었어요. 그럼 벗으면 되는데 왜 그걸 못하고 있나 항상 답답했었죠. 가슴은 꼭 드러내야만 섹시해 보이고 매력적이라는 사고방식의 틀에도 갇혀 있었죠. 절제의 미학을 몰랐던 거죠. 적당히 감춰야 더 신비롭단 사실을요.

옷의 노예가 되고 관습의 노예가 되어서 그것이 여자로서 당연히 감수해야만 하는 숙명이라 여기는 분들에게 이젠 그만 그 무덤에서 나와 목소리를 높여줬으면 하는 바람이 있었죠.

그래서 그런 혁명을 일으키셨던 거군요. 가브리엘님은 루이 14세(1638~1715년)부터 근 200여 년 동안 바뀌지 않았던 여자들의 패션에 바지와 무릎길이의 스커트를 선보이면서 큰 센세이션을 일으켰습니다. 만약 지구에 안 오셨더라면 저도 지금 드레스 입구 똥 땀 빼며 우아 떠는 척 했을 생각을 하니 정신이 아찔해 오네요. 정말 너무 감사드려요.

그럼, 에크란님께서 지구에 유학(?) 오셨던 목적은 무엇이었는지요? 여자들에게 옷에 대한 해방감을 주기 위해서였나요?

자신을 구속하던 옷에서 벗어남으로써 자기 사랑을 실현하라는 메시지를 주려 했습니다. 더 이상 남자에게 종속되고 성 안에 틀어박혀 '누구누구 백작의 아내' 이런 타이틀이 아닌, 한 인격체로서 '나는 누구누구이다'라고 당당히 말할 수 있는 자신감을 주고 싶었죠.

그래서 평생 독신으로 지내셨던 건가요?

🎙 한 두어 번 정도 결혼할 기회가 있었지만 모두 사고로 죽게 되자 결혼과는 인연이 없다는 걸 어렴풋이 알게 되었습니다. 그래서 더 열렬하게 일도 하고 연애도 많이 했었죠. 제가 만약 시대가 요구하는 여성상과 타협했더라면 일을 할 수 있는 자유를 얻진 못했었을 겁니다.

"일을 해야 할 때가 있고 사랑을 해야 할 때가 있다. 그 외에 남는 시간이란 없다." 라고 말씀하셨던 걸 보면, 그 외에 순간에 밀려드는 고독과 외로움에서 벗어나기 위해 더 열정적으로 몰두하셨을지도 모르겠단 생각이 드네요.

🎙 전 항상 모든 면에서 주도권을 쥐고 싶었습니다. 그래야

제가 상처를 덜 받기 때문이죠.

그 말씀은 어쩌면 상대방은 상처를 받을 수도 있단 말처럼 느껴지는군요.

🎤 그럴 수도 있겠죠. 하지만 제가 상처 받고 힘들면서 다른 사람의 안녕을 걱정하는 건 위선 아닌가요? 내가 힘들어 죽겠는데 아닌 척하는 건 자신에게 솔직하지 못한 거고요. 이기적이어야 해요. 사람들은 이기적이란 말에 대해 거부감이 있는데 이는 진정한 이기심의 뜻을 몰라서 하는 말입니다. 자기 자신에 대한 사랑이 완전히 이루어져서 자기 자신만이라도 지킬 수 있는 이기심이 누구에게나 필요합니다. 다른 사람 걱정은 그 다음이에요.

하지만 가브리엘님의 삶을 평가한 몇몇 사람들 중에는 님이 연애상대를 고를 때도 너무 이기적이어서 불륜의 대상이 되는 것도 마다하지 않았다는 점을 안 좋게 얘기하기도 하던데요.

🎤 그래요. 저 인정합니다. 이기적이었어요. 그런데 뭐가 그렇게 잘못되었나요? 남이 제 인생을 대신 살아줄 수 없다고 생각했고 저의 선택에 후회는 없었습니다. 그걸로 된

겁니다.

전 다른 사람들의 말과 행동에 반응하지 않습니다. 그건 그 사람들의 심리상태를 반영한 것이거든요. 그 사람들의 문제에요. 제가 할 일을 언제나 꾸준히 하고 있을 뿐인데 사람들의 저에 대한 반응이 각양각색인 것이 재미있지 않나요?

"샤넬, 당신은 천재에요. 정말 위대한 패션 혁명가에요."

이 말도 저를 우쭐하게 만들지 않았습니다. 언젠가는 그들도 저를 비난할 수도 있는 사람들이거든요. 남에게 어떻게 평가받는가가 중요한 게 아니라 언제나 제 자신에게 최선을 다하고 싶었고 또 그랬습니다. 그게 제가 자부하고 있는 점이기도 하구요. 후회하지 않는 삶을 사는 것 말이죠.

후회하지 않는 삶이라. 참 어렵네요. 지구에서의 삶 중 후회되는 일이 정말 없으신가요?

글쎄요. 모든 경험은 그 경험 자체로 소중합니다. 그렇기에 전 제 삶에 대해 성공했다 실패했다 단정 짓지 않습니다. 지구인들은 참으로 쉽게 한 사람의 인생을 이렇다 저렇다 평가하기도 하는데 어느 인생이든 한 가지 방향으로 결론이 나진 않는다고 말씀드리고 싶군요. 저에 대해 '일에는 성공하고 사랑에는 실패한' 이라는 수식어를 갖다 붙이기도 하는데 제가 지구인들 눈에 정상적인 결혼생활을 하지 못한 것이 통념상 실패라는 단어로 표현되어지겠지만 어떤 관점에서 보느냐에 따라 이 '성공'과 '실패'가 뒤집어질 수도 있는 것이 아닌가 싶습니다. 흔히들 아픔만큼 성숙한다고 하지 않나요? 저는 그 아픔을 통해서 내면의 성장, 즉 진화하는 저 자신을 즐겼기 때문에 이 관점에서 본다면 전 성공한 것이지요.

모든 결정은 제가 한 것이었고, 그것에 대한 후회는 없습니다. 어떤 일을 선택할 때는 최대한 제 자신에게 솔직해지려고 노력했고요. 50대 50의 확률의 기로에서는 어떤 쪽으로 가든지 아쉬운 부분은 분명 있습니다. 하지만 한번 결정을 내린 뒤에는 뒤돌아보지 말아야 해요. 그곳에 쓸 에너지로 한곳에 더 집중해야지요.

지구에 다시 태어나고 싶진 않으세요?

🎤 하하. 아직까진 생각해 보진 않았었는데 그래도 재밌겠

는데요. 제가 지구에서 88세까지 살았는데 그 88년이라는 시간 동안 겪어냈던 세월들을 우주의 시간, 경험으로 비교해 보면 글쎄요…. 지구는 한국의 단기 속성 입시학원 같은 곳입니다. 우주에서 수천 년 동안 겪는, 아니 겪을 수도 없는 일들을 최단 기간에 경험할 수 있는 곳이거든요. 일종의 특별 과외를 받는 곳이라고 할까요. 지금도 지구에서의 경험을 바탕으로 제 삶에 대처하는 방법에 있어 유연함을 갖게 된 것이 제가 지구를 방문했던 큰 수확이라면 수확이 아닐까 싶습니다.

지금의 제 생활은 해질 무렵의 노을을 바라보며 와인 한 잔을 즐기는, 한마디로 우아 떠는 시간들이 대부분이니까요. 친구들과 감정대립으로 왈가왈부할 필요도 없는 정말 '고요' 그 자체라 할 수 있죠. 이 시간들이 따분하게 느껴질 때쯤 한 번 더 생각해 봐야 겠군요.

 ## 샤넬 = 더 스타일

그렇군요. 책을 읽다 보니 "아무도 일하지 않는 일요일이 제일 싫다."고 말씀하셨더라고요. 혹자는 일 중독자여서 그랬다고도 하는데 제겐 홀로 남겨지는 것에 대한 두려움이 그만큼 크셨던 건 아니었나 하는 생각이 언뜻 스칩니다. 지구에 다시 오시게 된다면 '샤넬' 브랜드에 대해 어떤 느낌을 갖게 되실지 궁금하기도 하고, 아님 또 다른 브랜드를 창조해 내실지도 모르겠네요. 여자들을 위한 또 다른 혁명이 일어나지 않을까요?

🎙 모든 인간은 혼자입니다. 전 그 홀로 남겨지는 것에 대해 어려서부터 익숙해져야 했고요. 아버지가 저희를 고아원에 버리셨을 때도, 진심으로 사랑했던 남자들이 이 세상

을 떠나게 되었을 때도, 제 삶의 마지막 순간에도 전 혼자였습니다.

혼자인 것이 두렵냐고요? 저도 인간입니다. 하지만 제가 사랑했던 사람들은 모조리 다 저를 떠나가는데 제가 어느 누굴 사랑할 수 있었겠어요. 그런 최악의 상황에서 제가 얻을 수 있었던 진리는 무엇보다도 자신을 사랑해야 한다는 것이었습니다. 악조건도 기회로 삼아 오히려 더 발전할 수 있는 발판으로 딛고 일어서는 것이 세상을 살아가는 지혜였습니다.

모든 것은 종이 한 장 차이입니다. 반 컵의 물을 보고 '반 컵밖에 안 남았네, 반 컵이나 남았네.' 하는 것처럼 어떻게 생각하느냐에 따라 그 결과는 극과 극입니다. 홀로 남아 눈물 흘리며 청승 떨 시간에 아무에게도 방해 받지 않는 혼자만의 시간을 자신의 가치를 높이기 위해 잘 활용하자는 마음가짐으로 세상과 싸워나가면 무엇이 두렵겠는지요.

와우. 그래서 '샤넬'이라는 고유명사가 탄생할 수 있었던 거군요. 지금 시리우스에서의 생활은 어떠세요? 거기서도 혼자이신지요?

여기서는 덜 외롭게 지내고 있습니다. 가끔 그 시대에 같이 태어났던 친구들과 담소를 나누기도 하고 끊임없이 무엇인가를 하고 있으니까요.

그 무엇인가가 무엇일까요?

🎤 지금처럼 클레온님과 대화를 하기도 하고 일도 하고 연애도 하고. 하하.

연애질! 완전 부러워요!! 그 인기는 우주에서나 지구에서나 못 말리는군요. 한 가지 궁금한 게 생겼는데요. 좀 전에 여성들을 옷으로부터 해방시키기 위해 지구에 오셨다고 하셨는데 에크란님께서는 전 세계 여성들을 샤넬의 노예가 되게 만드셨어요. 모두들 샤넬을 하나씩 걸치고 싶어 한다는, 이 아이러니는 어찌 설명하실 건가요?

🎤 전 샤넬 스타일을 소개한 것이지 제 샤넬 브랜드를 꼭 입어야만 한다고 고집하지는 않았습니다. 여성들이 샤넬 스타일에 열광한다면 그만큼 의식수준이 향상되었음을 뜻하겠죠. 제 브랜드의 가격을 높게 책정한 것도 제 옷을 입는 사람들의 자부심을 높여주기 위함이었습니다. 진정한

값어치를 아는 사람들에겐 돈이 문제가 되지 않는 것이지요. 진정한 럭셔리란 격이 있어야만 합니다. 그 명품을 소유하는 사람들 또한 인격을 갖춰야 함은 물론이구요.
하지만 샤넬 브랜드에 목을 맨다면 그건 그들의 허영심 충족을 위함이 아닐까요? 능력이 안 되는데도 갖기 위해 무리를 한다면 말이에요. 근래에 들어 제 의도와는 다르게 명품이라는 이미지가 안 좋게 희석되어 가는 경향이 있긴 하지만 그건 물질 만능주의 지구에서 살아가는 여러분이 풀어야 할 숙제 아니겠어요?

격이 있는 럭셔리라. 저도 럭셔리 참 좋아하는데 앞으로는 격도 갖추고 싶은 의지가 불끈 솟아오르네요. 사진을 보니, 스스로도 머리에서 발끝까지의 럭셔리 스타일이 하나의 문화 아이콘이 되어 샤넬의 모델로서도 유명하셨더라고요.

🎤 샤넬은 샤넬 그 자체입니다. 제가 지키지도 않으면서 다른 사람들에게 제 스타일을 강요하는 건 어불성설이죠. 제가 강요한 적은 한 번도 없습니다만, 저 자신이 샤넬이 되고 만약 그게 주위 사람들의 공감을 사게 되고 더 나아가 마음을 움직이게 된다면 샤넬은 그 자체로 세상과 소

통을 하게 되는 겁니다. 자기 자신이 대표성을 띠고 전체를 대변하는 거죠.

주무실 때는 어떤 옷을 입고 잠자리에 드시나요?

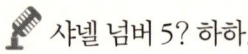 샤넬 넘버 5? 하하.

하하. 제 의도를 딱 알아채셨군요. 센스쟁이! 맞아요. 마릴린 먼로의 이 인터뷰로 샤넬 넘버 5는 세계적인 향수가 되었습니다. 지금도 55초마다 한 병씩 팔린다는 전설의 향수. 근데 왜 '5'인가요? 좀 더 친절한 이름을 지어주었을 수도 있었을 텐데요.

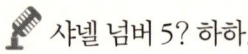 글쎄요. 사람들에게 신비함을 주고 싶었습니다. '이게 뭘까?' 하는 궁금증을 유발시키는 거죠. 그렇게 된다면 반 이상은 성공이거든요. 매력적이라는 거예요. 어떤 향일까 뿌려보고 싶어지고 그렇게 되면 소비자들은 지갑을 열게 됩니다. 굳이 먼저 이 향수의 이름은 무엇인데 이러이러한 의미를 갖고 있다는 식의 구차한 홍보는 식상합니다. 먼저 관심을 끌어야죠.
여자도 마찬가지입니다. 신비로워야 해요. 내 이름은 뭐

고 나는 누구이고 언제 어디서 태어났고 무엇을 좋아하고. 아휴, 지겨워요. 구질구질하죠. 왜 여자가 '나 이러이러한 매력 있는 사람이에요. 나 좀 봐주세요!'라고 먼저 애원해야 하나요? 적당한 신비감을 주고 끊임없이 궁금하게 만들고 자기 일을 열심히 하면 원하지 않아도 처치곤란일 정도로 남자들이 몰려들 텐데요.

처치곤란이라. 저에게도 과연 그런 날이 올지. 신비로워져야겠어요! 참으로 명쾌하신 에크랑님의 지구에서의 삶을 다뤘던 영화 〈코코 샤넬〉도 보았답니다. 주인공을 맡았던 오드리 토투는 '샤넬은 거짓말쟁이'라고 했다는데요, 성공 이전의 삶에 대해 아무도 알 수 없다고. 거짓말쟁이가 되었던 것도 이 신비주의 콘셉트 때문이었나요?

🎙 저는 과거에 대해 말하는 걸 별로 좋아하지 않습니다. 제 과거가 뭐가 그리 중요한가요? 오히려 호사가들에게 가십거리만 더 안겨줄 텐데요. 무엇이 진실이든 제가 '가브리엘 샤넬'임은 변치 않을 것이니까요. '내가 왕년에 이랬었는데…'하는 사람들은 지금 하고 있는 일에 대해 할 말이 없다는 겁니다. 얼마나 내세울 게 없으면 사돈에 팔촌까지 끌어들여 자기포장을 하고 과시를 하려는지 모르

겠어요. 다 겉치레입니다. 쓸데없는 장식들이에요. 샤넬은 심플합니다. 심플한 것이 최상이기도 하구요.

 ## 나를 책임질 수 있는 건
오직 나

하시는 말씀 족족 머리에 쏙쏙 들어오고 가슴에 팍팍 꽂힙니다. 왕성한 활동을 벌이던 중 1939년 2차 대전의 발발로 돌연 은퇴하셨습니다. 54년 재기하기까지 15년 동안 도대체 뭘 하셨던 거예요?

 저도 싸웠어요. 세상과 그리고 저의 고독과.

쉬시는 그 기간 동안 '모델의 모자'라는 암호명으로 나치를 위해 스파이 활동을 하셨다던데요. 사실인가요?

 스파이라고 하기엔 약간의 어폐가 있군요. 전 되도록이

면 평화적인 방법으로 전쟁이 종결되길 원했던 사람일 뿐입니다. 어리석은 히틀러와 스탈린의 전쟁으로 무고한 사람들이 희생되어지는 걸 바라만 볼 수는 없었죠.

어느 정도는 인정하시는 거네요. 너무나도 위험한 선택까지 하시면서 전쟁의 종결을 원하셨던 건가요?

🎤 전쟁이 무의미했기 때문이죠. 더 이상의 부정적인 영향으로부터 벗어나고 싶었습니다.

하지만 프랑스인들의 비난은 면치 못했습니다. 스위스로 망명까지 하셔야 했고요. 돌아가신 이후에는 조국에 묻히지도 못했습니다. 그만한 가치가 있었던 건가요?

🎤 가치가 있건 없건 제가 선택한 행동에 후회는 없습니다. 진실은 언젠가는 밝혀지니까요.

은둔생활을 하시다가 1954년 71세의 나이로 재기에 성공하십니다. 트위드 투피스. 전 세계를 순식간에 낚으셨죠. 특히 미국 케네디 대통령이 암살당할 당시 영부인이었던 재클린이 입었던 옷도 샤넬의 쇼킹 핑크 트위

드 재킷이었습니다.

그런데 어떻게 그런 용기가 생기셨던 거예요? 그 연세면 더 편하게 우아떨며 삶을 즐길 수도 있었을 텐데 말이에요.

🎤 샤넬은 제 살아가는 이유이자 자존심입니다. 제가 패션계로 다시 돌아갔을 당시에는 크리스찬 디올의 '뉴룩*'이 트렌드였죠. 남성으로서 여성들을 다시 옷에 구속시키려 하는 것을 보고 쐐기를 박는 메시지를 전하고 싶었죠.

하하. 너무 멋지세요. 대화를 하면 할수록 정형화되지 않는 답변에 속이 후련해집니다. 사실 제 모토가 '쿨한 싸가지가 되자'인데 이제야 거기에 걸맞은 분을 만나 뵙게 된 것 같아 너무 기뻐요. 대화를 하는 도중에 제가 벌써 다른 사람이 된 느낌입니다. 한 꺼풀 한 꺼풀 제 고정관념을 벗겨주시는 에크란님께 감사드립니다. 마지막으로 지구별에서 살아가는 모든 여성들에게 한 말씀 부탁드릴게요.

★ 1947년 봄에 크리스찬 디올이 발표한 새로운 실루엣. 어깨는 자연스럽게 내려오고 허리를 매우 가늘게 하면서 가슴을 풍만하게 함. 스커트는 무릎 밑까지 길게 하고 플레어로 넓게 하여 여성미가 넘치는 스타일임.

제2막, 독립적인 여성의 삶을 살다

🎤 의존적인 삶에서 벗어나 독립적이 되세요!
과거에서 벗어나 현실적인 사고를 하세요!
나는 ○○○(각자의 이름)입니다.
○○○를 책임질 수 있는 사람은 오직 나뿐입니다!
자기 자신을 사랑하세요.

감사합니다. 피가 되고 살이 되는 유용한 양식의 말씀이었습니다. 저 갑자기 무지 용감해져서 심하게 싸가지가 없어지게 될지도 모르겠네요. 앞으로 힘겨운 일 있을 때마다 에크란님을 떠올리면서 이 험한 세상 이기적으로 헤쳐나아가야겠어요!

☆잉케별☆

마리아 칼라스

어딘가에 미친다는 말이 있죠?
전 노래에 미쳐 있었어요.
그건 즐거운 미침이었죠.
순간순간이 저로서는 너무 행복했기 때문에
몇 시간을 연습했는지 이런 것들은
저에게는 큰 의미가 없었어요.

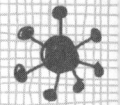

마리아 칼라스(1923~1977년, 미국)

마리아 칼라스는 1923년 미국 뉴욕에서 그리스 이주민의 딸로 태어났다. 1937년 부모의 이혼으로 어머니와 함께 그리스로 돌아왔으며 국립 콘서바토리★에서 노래를 배우기 시작했다. 1949년 이탈리아에서 벨칸토★★ 창법으로 인정을 받기 시작해 이후 2년간 이탈리아와 유럽의 무대를 돌며 오페라 가수로서 경력을 쌓았다. 1951년 라 스칼라 극장에서 가진 오페라 무대의 대호평 이후 오페라계에서는 B.C(before callas) 라는 말이 생겼을 정도로 오페라의 역사를 바꾸어 놓았다.

1959년 마리아 칼라스와 그녀의 남편은 그리스의 선박왕 오나시스의 요트에 초대를 받는데 항해가 끝날 무렵 칼라스는 오나시스의 연인이 되었고 이로써 그녀의 결혼은 끝이 났다. 이후 마리아 칼라스는 오나시스와의 상류생활을 즐기며 오페라를 멀리했다. 1965년 라 스칼라 극장의 무대 연출을 맡았던 프랑코 제피렐리의 설득으로 다시 오페라 무대에 섰지만 전성기의 목소리를 찾지 못한 마리아 칼라스는 오페라계에서 은퇴했다. 이후 줄리어드 학교에서 마스트 클래스를 열고, 친구 주세페 디 스테파노와 함께 그의 딸의 치료비 마련을 위해 1973년부터 74년까지 세계 투어를 열

★ 음악이나 기타 예술을 가르치는 교육기관.
★★ 미성美聲을 내는 데 치중하는 발성법.

었다. 1977년 파리의 자택에서 생을 마감했다.

* 현재 5차원의 잉케★★★에서 살아가고 있다.

★★★ 5차원의 별로서 쌍둥이자리에 있으며 8.2등급의 별. 태초의 자연을 간직한 순수한 별이자 지구와는 뿌리를 같이 하는 형제별로서 에너지가 상호 교환되는 공동운명체라고 할 수 있음. 잉케별 또한 지구와 같은 차원 상승 시기를 겪은 후 지금의 단계로 진화했으며, 지구가 이번에 차원 상승을 하게 되면 각별한 사이가 될 별임. 지구의 차원 상승에 대한 내용은 『위기의 지구, 희망을 말하다』 참조.

 # 잉케별의 예술가
마리아 칼라스

• interviewed by 민경주 •

대화를 하기 전에 마리아 칼라스를 떠올린다. 파란 잔디가 펼쳐진 공원 같은 곳에서 잔디를 뒤엎을 만큼 긴 치마를 입고 앉아 있다. 그 모습이 너무나 평화롭고 아름다워 곁에 가서 이야기를 듣고 싶은 충동이 느껴졌다.

안녕하세요. 반갑습니다. 저는 민경주라고 해요. 지구에 살고 있지요.

🎤 (활기차게) 경주님. 반가워요. 전 마리아 칼라스. 잉케별에 살고 있어요.

이렇게 대화를 할 수 있게 되다니 너무 기뻐요. 지금 잉케별에서 얘기하시는 건가요?

 예~ 맞아요.

지구에 남긴 마리아 칼라스란 이름은 사랑과 열정의 대명사가 되었는데 혹시 본래 이름이신가요?

 마리아 칼라스라는 이름은 지구에서 쓰기 위해 선택한 이름이에요. 말씀하신 대로 사랑과 열정을 대변하고 있다고 할 수 있죠. 칼라스라는 성은 이름 자체에서 열정이 뿜어져 나오죠. 매사에 치열하게 임하는 의미가 내재되어 있어요. 마리아는 사랑의 의미를 강하게 담고 있어요. 사랑과 열정이 이름에 내포되어 있으며, 이름에서 풍겨 나오는 것과 같이 제 삶 또한 사랑과 열정으로 점철되어 있다고 할 수 있지요. 사랑과 열정을 통하여 자신과, 세상과 소통하는 것이 제 이름의 의미예요.

사랑과 열정을 통하여 자신과 세상과 소통하는 이름이라! 멋지군요. 대화하는 동안엔 어떻게 부르면 좋을까요?

🎙️ 마리아. 마리아가 좋아요. 그 이름을 들을 때마다 지구에서의 추억이 떠오르거든요.

그렇군요, 마리아님. 대화를 하면서 님의 얼굴에 웃음이 가득한 게 느껴져요.

🎙️ 그래요? 사실 지구에 있는 친구와 대화한다는 게 너무나 흥분되고 기대되거든요. 지구에 다녀온 지 얼마 안 되었지만 그리워요.

어떤 것이 그리운가요?

🎙️ 지중해의 에메랄드 빛 바다가 그립고, 무대에서 관객들과 함께 한 시간이 그리워요.

생각만 해도 멋진데요. 지구에는 어떻게 오게 되신 거예요?

🎙️ 소위 유학을 간 거죠. 잉케별은 지구와 아주 흡사한 별이에요. 제가 갖고 있는 능력을 지구에서 펼쳐보고 싶었으며, 잉케별이 갖고 있는 문화를 지구인과 공유하고 싶었

어요.

유학이라고 하면 배우러 가는 건데 무엇을 배우러 오셨나요?

🎤 사실 배우는 것보다 역할을 하기 위해서 갔었던 것이 더 커요. 흠, 다른 별로 파견되었다는 의미가 더 맞을 거 같네요.

잉케별에서는 많은 분들이 지구에 파견되나요?

🎤 많지는 않아요. 지원과 심사를 통해 그런 기회를 얻는다고 해야 하나? 지구의 표현을 빌자면 국비지원 파견이라고 해야 할까요? 잉케별은 지구와 형제별이라고 할 수 있어요. 그래서 지구에 파견되지만 지구에서 무엇을 배운다는 의미보단 저희가 갖고 있는 정신, 물질문명으로 지구가 진화할 수 있도록 도움을 준다고 하는 게 더 맞겠죠.

그렇군요. 그렇다면 마리아님은 잉케별의 엘리트셨군요. 잉케별은 어떤 별인가요?

🎤 5차원의 별로서 매우 자유분방한 별이라고 할까요, 개인의 자유의지가 상당히 중요한 곳이에요. 그러면서도 별의 운영은 한마음으로 한 방향을 향하여 이루어지고 있죠. 그 방향은 다름 아닌 진화의 방향이에요. 개인의 특성과 자유의지가 중요한 역할을 차지하지만 동시에 잉케별의 진화, 그리고 우주의 진화를 향한 움직임은 동일해요.

지구의 어떤 점이 당신을 여기에 오도록 했나요?

🎤 지구에서의 삶이 흥미진진해 보였어요. 아마 다른 별에서 지구로 오는 많은 분들이 그렇게 생각해서 지구를 선택했을 거예요. 가끔 지구에서 공부하다 오신 분들과 모임을 가져요.

일종의 동창회로군요.

🎤 지구는 끊임없는 화제의 대상이죠. 저희 별 사람들은 지구에서 벌어지는 일들을 사랑과 관심을 갖고 항상 지켜보았어요. 저 또한 그런 부류에 속하는 사람이었죠.
지구에 가고 싶었던 이유는 지구의 역동성에 매료되었다

고나 할까요. 제 성향과 아주 흡사한 곳이죠. 급박하게 돌아가는 모습을 보면서, 저도 지구에 가고 싶다는 생각을 품고 있었어요. 기회가 되면 꼭 가고 싶다는 생각을 하고 있었죠. 그런데 지구에 가기 위해서는 선발 과정을 거쳐야 했어요. 지구라는 별이 진화가 빨리 이루어질 수 있는 곳임과 동시에 자유의지에 따라 자신이 계획한 스케줄에서 많이 벗어날 수가 있어서 위험요소가 많이 내재되어 있거든요.

지구에서는 오페라 가수셨는데 잉케별에서는 어떤 일을 하고 계신지 궁금해요.

예술분야에 종사하고 있어요. 저희 별에서는 예술이라고 하면 삶의 일부분이지만 그중에서도 전문가 계층이 있게 마련이죠. 온 우주에서 음악은 공통의 언어라고 할 수 있어요. 저는 예술 중에서 음악 분야에서 역할을 하고 있었어요. 음악을 통하여 사람들의 진화를 북돋을 수 있도록 훈련을 시켜주는 게 저의 일이에요.

음악의 어떤 분야인지 여쭈어도 될까요?

🎤 지구에서 했던 분야와 동일해요. 전반적으로 음악에 관계되어 있고, 그 안에서 목소리를 통하여 연주하는 분야가 제 전문분야였지요. 그렇지만 편협하게 그 분야에만 한정된 것은 아니었어요. 다만 전문성이 그 분야에 있었던 거죠.

예술가로서의 삶을 사셨는데요, 삶 속에서 예술의 역할은 무엇인지 한 말씀 해주신다면?

🎤 희망이라고나 할까요? 삶을 계속해서 살아갈 수 있도록 힘이 되어 주는 거죠. 그리고 동시에 기쁨이라고 할 수 있을 거 같네요. 삶을 풍요롭게 해주고 자신의 내면을 들여다보고 대화할 수 있는 기회를 만들어 주죠. 예술은 인간에게 다른 소통의 방법을 알려주지요. 그 소통의 대상은 자신이고 소통의 방법은 다양한 예술인 거죠. 음악, 미술, 문학 등 여러 방법이 있죠. 소통은 자신이 직접 하는 경우도 있을 것이고, 타인이 만들어 놓은 예술 작품을 통해서도 가능해요. 잉케별에서는 예술 없는 삶은 상상할 수가 없어요. 모든 사람이 예술가이니까요.

모두가 예술가인 잉케별은 하나의 예술 공간이겠군요. 그런데 생전에 오페라 한 길만 걸으셨잖아요. 다시 태어난다면 어떤 일을 하시고 싶으신지 궁금한데요.

🎙 흥미로운 질문이네요. 21세기에 태어났다면 저는 아마 영화배우가 되었을지도 몰라요. 성악과 연기를 동시에 하는 배우 말예요. 현대에는 오페라보다는 영상매체를 통하여 저의 역할을 하고 싶었을 거 같아요.

음악이 아닌 것이 다소 충격적인데요. 마리아님은 음악을 끝까지 고수하실 거 같았거든요.

🎙 훗, 그래도 노래를 통한 역할 또한 함께 하고 싶을 것 같아요. 노래가 저의 영원한 전문분야이겠지만 현대에 배우로서 인간의 오욕칠정을 표현하는 일이 결국은 제가 마리아로서 지구에서 삶을 살았을 때의 역할과 동일하다고 보는 거죠.

마리아님과 동시대를 살아간다면 너무 멋질 거 같네요.

(싱긋) 이렇게 대화를 하고 있으니 발을 딛고 있는 별만 다를 뿐이지 우주의 관점에서 보았을 때는 동시대를 살고 있는 거죠.

 ── 그녀가 선택한 삶 ──

그리스인인 부모님이 미국에 이민 오셨다가 부모님의 이혼 후 다시 그리스로 가게 되면서 이를 계기로 음악을 하게 되었다고 알고 있는데 일부러 이런 가정환경을 선택하신 건가요?

🎤 전 바다를 많이 좋아했어요. 특히 지중해 바다는 보면 볼수록 가고 싶은 곳이었죠. 지리적인 아름다운 풍광에 매료되었어요. 하지만 그건 부차적인 이유였고, 음악적인 배움을 극대화하기 위해 유럽을 선택했고 넓게 펴기 위해선 미국을 선택했어요. 그런 조건을 만족시켜줄 수 있는 가정환경이 필요했어요. 또한 시대적 상황으로 여성의 사

회활동이 활발하지 않았기 때문에 부모님의 교육열이 중요한 요소로 작용한다는 것을 알았어요. 그래서 교육열과 음악에 열의를 갖고 계신 부모님을 선택했죠.

부모님의 이혼은 제가 성악과 공부를 하는 데 있어 치명적인 영향을 줄 수 있는 요소가 되었어요. 저는 제 역할을 수행하는 데 좋은 조건 반과 나쁜 조건 반으로 태어난 거죠.

지구에서 어떤 역할을 하기로 하신 건가요?

🎤 그 얘기는 차차 하기로 할까요? 지금 얘기하면 조금 재미없을 거 같네요.

그렇군요. 제가 좀 급했지요? 언젠가 님의 생애를 다룬 다큐멘터리에서 음악학교에 다니면서 하루에 10시간씩 연습하고, 차에서도 길을 걸을 때도 노래를 부르고, 오페라 악보를 일주일 만에 다 외울 정도로 열성적이었다고요. 그렇게까지 할 수 있었던 힘의 원천이 뭐였어요?

🎤 노래에 대한 사랑과 열정이었다고 할까요? 제게 그 과정은 힘든 것이 아니었어요. 자신을 만나는 즐거운 여행길이었으며, 저의 재능을 발견하고 이를 표현하는 과정은

자신을 사랑하는 과정이었죠. 다름 아닌 자신을 치유하는 과정이었어요. 저와 소통하고, 사랑하고, 제 감정을 들여다보는 놀이 과정이었으며, 그 과정이 있었기 때문에 제가 외부와의 소통을 할 수 있게 되었다고 할 수 있죠. 어딘가에 미친다는 말이 있죠? 전 노래에 미쳐 있었어요. 그건 즐거운 미침이었죠. 순간순간이 저로서는 너무 행복했기 때문에 몇 시간을 연습했는지 이런 것들은 저에게는 큰 의미가 없었어요. 경주님은 어딘가에 미쳐 본 적이 있나요?

그게… 없는 거 같아요. 흑흑.

🎤 어딘가에 한번 미쳐 보세요. 그러면 에너지가 부족하다는 생각이 들 틈도 없이 그 놀이에 미치게 될 거에요. 당연히 시간 가는 줄도 모르게 될 거구요.

'미쳐야 미친다'라는 말이 생각나네요. 예술을 표현하는 방법은 여러 가지가 있는데 오페라를 선택한 이유가 있다면요?

🎤 인생은 드라마죠. 그 안에서 저는 주인공이죠. 자기 인생

의 주인공이요. 극 전체로 볼 때 제가 주인공이 아닐 수 있지만, 제 인생에서는 언제나 제가 주인공이죠. 오페라는 제2의 인생을 살아볼 수 있는 엄청난 혜택을 주는 도구였어요. 그 안에서 저는 모든 틀을 깨고 온전히 그 역할에 몰두할 수 있었죠.

지구에서의 삶과 그리고 오페라에서의 삶을 통해서 저는 되도록 다양한 형태의 인간의 삶을 경험하고 싶었죠. 그 경험이 필요했던 것은 지구에서 다양한 감정을 느끼기 위해서였어요. 평범하지 않은 가정환경과 어린 시절을 통해서 여러 감정에 대한 기본적인 체득을 했고 그를 바탕으로 무대 위에서 다양한 역할을 통해 그에 깊이를 더할 수가 있었어요.

사적인 질문 하나 할게요. 남편이었던 메네기니와 마리아님은 **훌륭한 조합**이었던 것 같은데요. 아무리 재능이 뛰어난 예술가일지라도 재능을 뒷받침해 줄 사람을 만나지 못한다면 사장되는 예술가들이 많은데 그런 의미에서 마리아님은 행운아였던 것 같아요. 메네기니님은 지구에 오기 전 함께 만나기로 한 사이였나요?

🎙️ 메네기니님과는 지구에서 만난 관계예요. 제게는 큰 행운

이었죠. 공부를 위해 지구에 온 많은 분들이 이곳에 적응하고 자신의 역할을 수행하는 데 있어서 많은 시행착오를 겪게 마련이죠. 그 이유는 지구별은 독특한 별이고 제가 있었던 잉케별과는 비교할 수 없을 만큼 빠르게 움직이고 있기 때문이에요. 운이 좋게도 저로서는 완벽한 지원군을 만나게 된 거죠. 메네기니님을 생각하면 감사함과 미안함이 교차해요. 그는 잉케별에서 온 것은 아니지만 지구에서 저를 만나고 자신의 역할을 인지했다고 할까요? 미리 계획된 것은 아니었어요.

마리아님은 세기를 빛낸 디바였던 만큼 죽음에 대해서도 무성한 소문들이 있어요. 아직 세상을 뜨기엔 이른 나이인 53세였던 1977년 파리의 자택에서 사망한 것으로 알려져 있어요. 사망 원인은 약물과다 복용으로 인한 심장마비라는 설도 있고 자살이라는 설도 있습니다.

그 당시를 생각해 보면 참 부끄러워요. 그래서 지구에서의 삶이 쉽지 않다는 생각을 했어요. 자신의 감정을 조절하고 불필요한 내적인 감정 소모에서 벗어나는 것이 정말 어려웠거든요. 이미 지나간 관계에 대해 미련을 갖고 나 자신을 끊임없이 괴롭혔던 거 같아요. 음악이라는, 관객이라는 내가 사랑하고 나를 사랑하는 많은 존재들이 있었는데 거기에까지 제 시야가 미치지 못했던 거죠.
저의 죽음은 외로웠지만 한편으로는 마음이 홀가분했어요. 자살은 아니었고, 죽음의 순간이 되었을 때 제가 온 곳이 어디였다는 것을 알게 되었어요. 지구에서의 삶을 마무리하고 내가 있었던 곳으로 간다는 것을 알았죠. 지구에 잠시 살기 위해 왔었다는 것도요. 그 순간 지구에서의 저의 삶이 한 편의 영화처럼 보였어요. 그 속에서는 어린 시절부터 성장하고 음악을 통해 자아를 실현하고 대중을 행복하게 하는 저의 모습도 있었고, 사랑에 빠져 허우적대는 모습도 있었죠.
죽음의 순간이 괴롭지는 않았어요. 제가 온 곳이 어디라는 것을 알게 되었기 때문인 거 같아요. 그리고 조용히 지구에서의 삶을 마무리할 수 있었죠. 저희별에서 죽음이란 끝이 아닌 또 다른 시작이에요. 차원이 달라지는 것이죠. 지구 별에서의 공부에 따라 제가 속한 잉케별로 돌아갔을 때 역할이나 등급이 달라지는 거죠. 그래서 죽음은 두려움의 대상이 아니라 차원의 변화이며, 자신의 공부 여하에 따라 등급이 달라지는 계기가 되는 것이죠.

죽음이 또 다른 시작이라는 말은 희망을 갖게 하네요. 지구에서는 그렇게 생각하는 게 어렵지만요. 당신의 죽음에 대해 전남편이었던 메네기니님은 다음과 같은 흥미로운 기록을 남겼는데요. 어느 날 밤 당신이 꿈속에 나타나 "바리스타, 유언을 기억하세요."라고 했다는데 당신이 말한 유언이란 무엇인가요? 생전에 암 연구 협회에 재산을 기증하고 싶어 했다던데요….

🎤 전 평상시에도 죽음을 두려워하는 편은 아니었어요. 가볍게 여겨졌거든요. 제가 메네기니에게 한 유언은 간단했어요. 저는 지구에서 음악가로서만 기억되기를 바랐죠. 그래서 음악과 관련된 것 외의 모든 개인적인 소장품을 비롯한 물질적인 것, 그리고 대외적으로 남아있는 자료 외에 개인적으로 갖고 있는 제 삶에 대한 기록들을 없애주기를 부탁했었죠. 재산 기증에 관한 부분도 그런 맥락에서 부탁했던 거예요. 특별히 암 연구 협회에 의미를 둔 것은 아니었어요.

그랬군요. 잉케별에서도 유언이라는 것이 있나요? 죽음이 지구에서와는 다른 개념이라고 하셨는데요.

🎤 지구와는 완전 다르죠. 자신의 죽음을 알고 있기 때문에 유언이 필요하지 않다고나 할까요? 자신이 어디로 가는지도 알고 있으니 죽음에 대한 두려움이 없죠. 하지만 죽음을 준비하고 대하는 태도는 매우 경건하죠.

 ## 오페라, 다양한 삶을
체험하기 위한 도구

마리아님과의 대화에서 당신의 일이었던 오페라를 빼놓을 수가 없겠죠?

🎤 예, 사실 오페라는 제 일이 아니라 제 삶 자체예요.

일이 아닌 삶 자체였다! 멋지군요. 마리아님은 천상의 목소리 프리마돈나라는 호칭을 갖고 계신데요. 마리아님이 부르는 오페라는 단순한 음악에 그치는 것이 아니라 인간의 드라마를 보여주었고 그래서 관객들은 님의 음악을 통해 주인공이 느끼는 감정을 체험할 수 있었다고 해요. 이를 통해 님과 관객은 하나가 될 수 있었죠. 일상에서 사람들은 소통의 부재로 오해가 많은데 오페라 가수로서 관객들과 소통을 잘했던 당신이 저희들에게 한 수 가르쳐 주신다면요?

🎤 하하, 처음부터 어려운 질문을 하시네요. 참 이상한데 사실 저는 세상과의 소통이 아주 서툰 사람이었어요. 어린 시절을 봐도 그렇고 성장을 하면서도 그랬고요. 그런데 무대에만 서면 관객과 하나 되는 느낌을 강하게 받았죠. 음악을 통해서 제가 관객의 마음을 보듬고 기쁨을 주었다기보다는 저 스스로가 무대에서 노래하면서 치유받은 거죠.

무대에서만큼은 온전한 저로서, 어찌 보면 벌거벗은 상태에서 저의 혼신의 힘을 다해 표현했어요. 사실 스스로 자아실현을 할 수 있도록 제 앞에 와주신 관객이 저를 치유해 주셨지요. 연주를 하는 동안 저와 관객은 평상시에 습관처럼 갖고 있는 각자를 가두어 두었던 장막을 걷어내고 온전한 자기 자신으로 서로를 대하게 되었던 거죠. 한 수 가르친다기보다는 제 생각에 소통이란 마음에 달려있는 게 아닐까 싶네요. 자신을 포장하거나 감추는 것이 아니라 자신을 있는 그대로 놓는 거죠.

자신을 있는 그대로 놓는다고요?

아, 자기 사랑이라고 해야겠네요. 자기 자신을 있는 그대로 사랑하는 데에서 출발하는 거죠. 어떠한 모습이더라도 자신을 사랑한다면 그 모습을 다른 이에게 내보이는 데에 주저함이 없을 거예요. 어떤 모습이든 사랑스러운 자신의 모습이니까요. 다른 사람과의 소통이 어렵다면 그건 있는 그대로를 보지 않고 살짝 가려진 모습을 보기 때문이 아닐까요? 쉬운 일은 아니지요.

히~ 쉽지 않지만 노력하면 가능할지도 모르겠네요. 예술가들은 풍부한 감수성 때문에 보통 사람들이 이해하기 힘든 세계가 있는 것 같아요. 마리아님에 대한 다큐멘터리를 보면 가수로서의 당신을 사랑하고 당신의 재능을 칭찬하는 사람들은 많았지만 섬세했던 당신의 감정을 존중하고 그 세계를 이해해준 사람은 주변에 많지 않았던 것 같았어요. 당신이 원했던 것은 자신의 마음을 알아주는 친구 한 명이 필요했던 것을 아닐까? 하는 생각이 들었어요.

(빙그레 웃으며)그렇죠. 하지만 예술가뿐만 아니라 모든 존재는 자신을 이해해줄 사람을 필요로 하는 거 같아요. 저 또한 그러했죠. 하지만 저는 음악 속에서 위안을 얻었어요. 음악이 저의 가장 친한 친구였으니까요. 대화를 할 수

있는 상대만이 친구라는 고정관념을 버린다면 자신을 이해해줄 존재는 주위에 가득하다고 하면 믿을 수 있겠어요? 예를 들어 어떤 사람은 말로 하지 않아도 집안에 있는 식물과 교감하고 있지요. 그런 의미로 음악이 저의 평생 반려자였던 거죠.

저도 정말~ 그러고 싶어요. 마리아님께 오페라는 삶이라고 했을 만큼 떼려야 뗄 수 없었던 관계였던 것 같아요. 오페라가 마리아님에게 주는 의미는 어떤 것이었어요?

놀이이자 즐거움의 대상이었어요. 저는 몰입하는 성향이 강한 스타일이었어요. 일은 그런 저의 성향을 최대한 활용할 수 있는 제 삶의 큰 영역이었지요. 그 일을 통해서 제가 행복하고 주위를 행복하게 하였죠. 그런 면에서 전 만족스러운 삶을 살았다고 할 수 있어요.

어딘가에 몰입할 수 있다는 것은 어찌 보면 축복인 것 같아요. 메트로폴리탄 공연 직후 해고통지서를 받고 당신은 언론에 이렇게 말했죠. 상업성과 인기에 치중한 극장 측에 예술가로서 제대로 된 무대를 보여주고 싶었다고요. 솔직하게 말하는 당신의 인터뷰를 보고 마리아 칼라스는 오페라

가수라는 타이틀에 갇혀 사는 사람이 아니라는 느낌을 받았어요.
인터뷰에서 "시간이 지나고 문화가 성숙해지면 제 진가도 입증되겠죠." 라고 하셨는데, 예술가들이 마음껏 자신들의 세계를 펼치는 것은 그때나 지금이나 어려운 거겠죠?

🎤 저는 어떻게 보면 참 제멋대로인 사람이었어요. 그리고 제가 하고 있는 음악에 대한 자부심과 자긍심이 확고했었죠. 각자 자신의 분야에서 어느 면에서는 누구도 따라올 수 없는 탁월성을 갖고 있게 마련이죠. 사업가로서의 면을 더 많이 갖고 있는 극장 측의 의도는 충분히 이해는 해요. 하지만 언제나 양측이 중간 지점을 찾아나가는 데 있어서는 협의의 과정이 필요하죠. 이해관계가 얽혀 있는 경우는 더더욱 그렇고요.
저는 음악을 전달하고 극장 측은 동시에 수익을 창출해야 하는 과제가 있었기 때문에 절충의 과정이 당연히 필요했던 거죠. 하지만 서로가 공동의 목표인 음악을 사랑하는 대중에게 그 가치를 전달한다는 것을 잊지 않는 것이 중요한 거죠.

마리아님은 일이 놀이이자 즐거움이라고 하셨죠. 현대에서는 그렇게 받아들이기는 쉽지 않은 개념인 거 같아요. 일이 생계의 수단으로서 받아들여지는 경향이 크거든요. 물질을 중요시하는 시대여서 그런 거 같기도 해요. 저만 해도 '일' 하면 하기 싫지만 해야 하는 것으로서 다가오거든요.

🎙 안타까운 일이죠. 먼저 자신에게 즐거움을 주는 일이 아니라면 다시 생각해 볼 필요가 있어요. 자신이 즐겁지 않은데 어떻게 주위를 행복하게 만들 수 있겠어요. 자신을 사랑한 후에야 다른 이를 사랑할 수 있는 것과 같은 맥락에서 생각해 보실래요?

일이라는 것은 자신을 성장시켜 줄 수 있는 원동력을 제공하는 과정이에요. 그토록 중요한 과정을 헛되이 낭비한다는 것은 지구별에 태어난 이로서 직무유기라고 할 수 있죠. 현재 지구별에 살고 있는 모든 이들은 자신을 사랑하고 자신의 일을 통해서 행복하고, 그런 후에 다른 이들을 사랑하고 행복하게 할 즐거운 의무가 소명인 거죠.

한 시대를 풍미했던 스타로서의 삶은 당신에게 어떤 경험을 하게 했는가요? 예술가들은 보통 자유로운 영혼을 가진 사람들인데 대중들이 당신을 마리아 칼라스라는 하나의 아이콘으로 바라볼 때 그런 시선이 부담스럽지는 않으셨나요?

저는 사실 그런 시선을 즐기는 편이었어요. 대담함과 소심함을 동시에 갖고 있는 스타일이라고 할까요? 무대에 설 때마다 항상 떨리고 초조했지만, 무대에 서는 순간 모든 것이 분명해지죠. 무대에서만큼은 더할 나위 없이 자유로운 예술가가 되었으니까요. 제가 무대에 설 수 있는 것은 대중이 있기 때문이니까, 너무나 감사하고 고마운 분들인 거죠. 나를 둘러싼 모든 것이 감사의 대상이에요.

생전에 집중적으로 언론에 노출된 사건도 많아서 마음고생이 심하셨을 거라고 생각해요. 우리나라만 해도 연예인이라는 이유만으로 혹은 공인이라는 이유만으로 무조건적인 비난의 대상이 되는 경우가 많은데, 이런 것들은 어떻게 해결이 되리라고 생각하세요?

연예인이나 혹은 연예인을 공인으로 보는 상대 모두가 인식의 전환이 필요한데 특히, 연예인을 보는 관점이 변화해야 한다고 보죠. 그리고 연예인 스스로도 자신의 역할과 위치에 대한 생각이 필요해요. 대중에게 드러나는 삶을 사는 사람들은 자연히 따라오는 책임이 있다는 것을 알아야 할 거 같아요. 물론 꼭 자신의 선택으로 연예인이라는 공인으로서 활동하는 경우가 아닐 수도 있지만,

대부분 자신의 선택에 의해 연예인을 한다고 생각하니까요. 그렇다면 공인으로서의 책임을 받아들이고 이에 적합한 행동을 하는 것이 필요하다는 것을 받아들여야겠죠. 그리고 상대방은 공인으로서만 연예인을 보는 것이 아니라 자신과 동일한 익명성을 갖고 있는 존재로서 인식하고 대하는 예의가 필요하다고 봐요. 또한 어느 누구도 상대방을 평가하거나 비난하도록 자격을 부여받은 사람은 없다는 것도 알아야 할 거 같아요. 결국 서로가 자신의 위치를 인식하고 이해하는 노력이 필요한 것이죠. 모든 것이 일방적일 수는 없어요.

모든 것이 일방적일 수는 없다. 그 말이 참으로 와 닿네요.

오나시스와의 사랑, 그녀의 선악과

호화 크루즈에서 보내신 사진을 보면 영화의 한 장면 같다는 생각이 들었어요. 마리아님의 삶 또한 하나의 드라마이구요. 마리아님에 대한 글을 보면 세기의 소프라노와 선박왕 오나시스와의 사랑이 주된 얘기인데요. 오나시스가 님과 님의 남편을 자신의 선박 파티에 초대한 사건 이후 오나시스와 사랑에 빠지게 되었다는 내용이요.

하하, 그렇죠. 세상 사람들은 저의 일보다는 저의 사랑에 관심이 많았었죠. 저는 세상의 이목에는 크게 개의치 않는 성격이었어요. 제멋대로인 경향이 컸죠. 오나시스님이 제게 반한 것은 저의 재능과 성향이 함께 작용했었죠. 항상 최고를 추구하는 그에게 있어서 저는 흥미로운 대상이었다고나 할까요? 저 또한 그와 비슷한 성향을 갖고 있었기 때문에 저에 대한 관심과 배려와 그가 갖고 있는 배경이 그에게 관심을 갖도록 한 거죠. 지금 생각해보면 한순간에 일어나는 감정에 충실했다고도 할 수 있고 지배받았다고도 할 수 있죠.

사랑이라는 주제는 지구에서 큰 의미를 갖고 있어요. 그리고 저와 같이 지구에서 여성으로 살아간다면 더더욱 관심이 많겠죠. 그 당시만 해도 여성들에겐 일과 사랑을 선택하라고 한다면 사랑에 손을 드는 경우가 대부분이었어요. 저 또한 다르지 않았어요. 노래를 하는 제게 있어 감정이라는 것은 항상 직면해야 할 숙제였어요. 제겐 그것을 표현해야 할 의무가 있었지요. 그랬기에 저는 상당히 감정에 충실한 사람이었어요.

오나시스와의 관계에서 제가 사랑이라기보다는 집착을 보이기 시작한 것은 어떤 하나의 주제가 있으면 그것을 파고들고 그리고 그 안에서 제가 최고여야 한다는 것에서 비롯되었다고 할 수 있어요. 그 당시에는 사랑의 감정이 전부였어요. 하지만 인생을 통틀어 본다면 일순간이라고 할 수도 있겠죠. 그 감정을 즐긴 게 아니라 집착하게 된 거죠.

그것은 님이 솔직한 분이시기에 그랬을 거라고 생각해요. 그 사랑에 대해 지금은 어떻게 표현할 수 있을까요?

🎤 그저 스쳐지나가는 바람과 같다고나 할까요? 흘러가는 거죠. 그 당시에는 영원할 거라고 믿지만 그때의 격정적인 감정은 그리 오래 가지 않아요. 그 감정이 사랑의 감정이라고 규정짓는 순간 본인들이 믿고 싶은 진정한 사랑은 존재하기 어렵죠.

좋은 감정, 좋은 경험이란 어떤 건가요?

🎤 인간에게 있어서 감정은 큰 역할을 하죠. 자신의 삶을 어떤 방향으로 이끌어가는 원동력이라고 할 수 있죠. 그 당시 제가 겪은 사랑의 감정에 집착하지 않고 그 사랑의 감정을 저의 능력을 발휘할 수 있는 노래로서 풀어나갔다면 어떠했을까요? 아슬아슬했지만 경험을 통하여 일로서 표현할 수 있었다면 좋았을 거라는 후회가 드는 게 저의 솔직한 심정이에요. 저는 어느 한 곳에 집중하면 다른

곳을 넓게 보는 눈이 부족하였어요. 그런 면이 그와의 사랑을 일을 통한 승화의 과정이 아닌 단순하게 그 감정에 집착하는 형태로 나타나게 된 것이죠.

무슨 말씀인지 이해할 것 같아요. 한 가지에 집중하게 되면 전체를 보는 것이 어렵죠. 한편으로는 어린 시절에 부모로부터 충분한 사랑을 받지 못한 탓에 그럴 수도 있다고 생각했었어요.

저는 어려서부터 사랑을 갈구하는 아이였어요. 그런데 세상은 이상하죠. 자신이 간절히 원하는 것을 주시지 않는 거 같았어요. 어린 시절에서 부모님에게 결핍된 사랑이 결국은 성인이 되어 남자에게로 향한 것이죠. 사랑을 받지 못하는 것에 대한 보상 심리가 결국은 집착으로 나타난 거라고 보시면 돼요.

세상은 자신이 간절히 원하는 것을 주시지 않는다는 거 조금은 알 거 같아요.

그래요? 선악과라고 하죠. 자신이 어떤 것을 끊임없이 추구하는데 주어지지 않는 경우가 있죠. 그게 어떤 이에게는 돈이 될 수도 있고, 결혼이 될 수도 있고, 아이가 될 수도 있고, 그런데 경우에 따라 많이 차이가 날 수 있겠지만, 그것만을 보고 있기 때문에 자신에게 없는 부분만이 크게 보이는 거죠. 마음을 가라앉히고 자신을 보고 그리고 자신의 주위를 둘러보면 참 많은 것을 주셨다는 것을 알 수 있는데, 항상 부족한 것, 없는 것만을 보게 되죠. 저에게는 사랑이 선악과였어요. 그런데, 저에게는 많은 이들이 부러워하는 재능이라는 선물을 주셨죠. 그 이유가 뭘까요?

뭔데요?

🎤 제가 갖지 못한 것만을 갈구하지 말고 그 에너지를 저에게 주신 크나큰 능력을 발휘하는 데 사용하라는 의미셨어요. 저는 저에게 주어진 엄청난 재능을 통해 많은 이들의 마음을 보듬어 줄 수 있었던 거죠. 저에게 주어진 선악과를 통하여 마음으로 상처받은 많은 이들을 제 노래로서 치유해 주는 것이 저의 과제였던 거죠. 그런데 제가 사사로운 감정에 집착하여 많은 이들이 행복이 아닌 저 한 사람의 행복을 추구한 것에서 제 공부가 시작되었던 거죠.

여성들은 사랑 때문에 불행해지는 경우가 많이 있는데 마리아님이 맡았던 오페라 라 트라비아타* 여주인공도 그런 삶을 살았었죠. 왜 그렇다고 생각하세요? 남성들에 비해 여성들이 유독 사랑에 집착하는 이유가 무엇인지 여쭤도 될까요?

🎙 여성의 특성상 관계를 중요시하는 성향 때문인 거 같아요. 대부분의 여성들이 행복하다고 느낄 때는 어떤 관계 속에서 상대방에게 자신이 소중하게 다뤄지고 생각될 때가 아닌가 싶네요. 저 또한 그랬구요.

사실 무대 위에서 저와 대중과의 소통 그 자체로서도 너무나 소중한 관계이고 행복이 충만한 상황이지만, 이러한 관계에서만 만족하기에는 정서적으로 많이 성숙하지 못했었지요. 누군가가 곁에 있어주었으면 하는 바람이 이성과의 관계에 집착하도록 하는 것이죠. 독립적이지 못하고 의지하려는 성향이 어찌 보면 가장 근본적인 원인이 될 수 있겠네요. 너무 냉정하게 들리나요? 하지만 정서적

★ 프랑스 작가 알렉상드르 뒤마의 소설 《동백 아가씨 La Dame aux Camélias》(1848)를 소재로 한 작품으로 1853년에 작곡, 같은 해 3월 6일 베네치아에서 초연되었다. 내용은 파리 사교계의 고급 창녀 비올레타가 귀족 청년 알프레도를 사랑하지만 자신의 처지 때문에 그의 곁을 떠나 괴로워하다가 결국 폐렴으로 죽는다는 비극적인 사랑이야기이다.

으로 독립한다는 것이 얼마나 자신을 자유롭게 만드는지 모를 거예요.

남녀 간의 사랑에서 어떤 사람과 이별을 한 후에 또 다른 사람을 사랑하고 이것이 반복적으로 이루어지는 것에 대해서 어떻게 생각하세요?

🎙 (회상하는 눈빛이 되며) 저 또한 평생을 통해서 이성과 사랑을 해야 한다고 생각했거든요. 그건 자신에게 내재되어 있는 사랑의 편협한 정의 때문이에요. 사랑의 개념을 이성의 사랑으로 규정하고 동일시하는 데에서 오는 거죠. 사랑의 범위를 확대하지 않고 그 안에만 빠져 있다면 한 사람과의 관계가 끝났을 때 또 다른 사람을 찾게 되는 거죠. 이성 간의 사랑에는 성욕이라는 욕구가 크게 자리하고 있다는 것을 간과하지 않는 게 중요해요. 사랑과 욕망을 동일시하는 오류에서 벗어나는 과정이 결국은 사랑의 영역의 확대로 이어지게 될 거에요.

 # 음악으로 마음을
정화시키다

마리아님은 지구에 어떤 사명을 가지고 오셨는가요?

🎤 음악으로 사람들의 마음을 보듬어 주는 역할과 더불어 그 당시 제 음악을 접하고 저의 삶에 관심을 갖고 있는 분들 특히 여성들에게 삶의 새로운 패턴을 소개하는 거였어요.

마리아님은 뛰어난 재능으로 세기의 디바로 불리셨어요. 이런 질문을 하는 게 쉽지 않지만, 오나시스와의 사랑 이후의 삶은 마리아님을 선망하는 많은 팬들에게 실망을 안겨주지 않았나 하는 생각이 들어요. 솔직하게 말씀드린다면, 저 또한 여성으로서 저와 다른 이들에게도 도움이 되지 않을까 싶어서 질문을 드리게 되네요.

🎙 예, 충분히 이해하죠. 저도 후회되는 부분이니까요. 저를 아껴주었던 분들의 사랑에 보답하지 못한 데 대해 죄송한 마음이 커요. 기회가 된다면 이 자리를 빌어서 저에게 보내주신 사랑과 지지에 보답하지 못한 것에 대한 미안한 마음을 전하고 싶네요.

자신의 삶의 주체는 자신이며, 사랑에 얽매여 진정으로 자신이 원하는 것이 무엇인지를 모르고 시간을 헛되이 보내지 않도록 독려하는 것이 저의 역할이었죠. 여성들의 각성에 롤 모델이 되는 거였어요. 많은 지구의 여성들이 제 삶을 보고 독립적으로 되고 자신의 삶을 가꾸어 나가기를 바랐는데, 어떻게 보면 지구의 반인 여성이 사회가 만들어놓은 틀을 깨고 자신의 날개를 펴서 나비처럼 훨훨 날아오르기를 바랐던 거죠. 여성의 의식의 전환을 통해서 지구가 좀 더 밝고 따뜻해지길 바랐다고나 할까요? 남성이 구축해 놓은 사회체제에서 좀 더 자유로워지기를 원했죠.

그런데, 결국 남성과의 사랑으로 인해 사회에 힘이 될 수 있었던 저의 재능이 제대로 발휘되지 못하는 상황에 처하게 되고, 저에게서 힘을 얻었던 많은 이들에게 실망을 안 겨주게 된 것이죠. 결국 선악과 공부로 인해 더 많은 이들에게 마음을 정화시킬수 있는 음악을 선보일 기회가 줄어들었다는 것이 안타까운 면이라고 할 수 있어요.
어떤 사랑이 더 중요하고 덜 중요하고의 문제는 아니에요. 어떤 사랑이든 그 사랑 속에서 최선을 다하는 것은 필요하지만, 그 사랑이 자신이 원하는 방향으로 흘러가지 않았더라도 지나간 사랑에 대해서는 쿨하게 마무리하는 것이 필요한데, 그렇지 못하고 삶의 방향이 송두리째 흔들릴 정도로 중심을 잡지 못한 것이 마음에 계속 남아 있네요.

그럴더라도 마리아님이 세상에 들려준 음악을 생각하면 많은 이들이 위로받고 행복했다는 것은 엄연한 사실이죠.

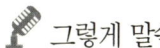 그렇게 말씀해 주시니 너무 감사하네요.

마리아님. 쉽지 않았을 텐데 어려운 질문에 선뜻 대답해 주셔서 정말 감사드려요. 마지막으로 지구의 여성분들에게 한 말씀 부탁드려도 될까요?

🎤 자신의 인생을 동그란 원으로 보았을 때 그 중심에 자신이 서 있다는 것을 잊지 마세요. 다른 부분과의 다양한 관계, 감정, 물질, 생각 등이 존재하겠지만 그 모든 것들은 동그란 원 안에서 중심에 있는 자신의 뜻에 따라 자연스럽게 녹아들어가게 될 거예요. 다양한 요소들에 연연하지 않고 흔들리지 않고 자신의 중심을 잃지 않고 지켜나간다면 자신이 이 세상에 온 이유가 분명하게 보일 거예요. 그 이유를 명확히 알고, 그를 이루어 나가는 데 집중한다면 그 안에서 자신은 가장 아름다운 존재로 거듭날 것이고, 자신을 둘러싼 동그란 원은 점점 넓어져 세상을 감싸 안게 될 거예요. 빛으로 가득한 원이 점점 퍼져나가면서 은은한 빛으로 세상을 밝고 따뜻하게 만들어 가는 자신을 발견하게 될 거예요.

한 사람 한 사람이 퍼뜨리는 빛이 서로 겹쳐지면서 세상을 더욱 더 아름답게 만들어가게 되죠. 당신은 그런 아름다운 존재임을 잊지 마세요. 흔들림이 있어도 언제나 중심으로 돌아온다면 빛나는 당신의 삶이 빛나는 세상을 만들 거라고 믿어요.

사랑하는 마리아님, 저와 이렇게 솔직한 대화를 해주셔서 너무 감사드려

요. 대화하는 동안 즐겁기도 했지만 마지막엔 마음이 아프기도 했어요. 님과의 대화를 통해 저는 행복했답니다. 님이 전해주신 얘기를 마음에 새깁니다. 감사드립니다.

🎤 오랜 시간 저와의 대화에 감사합니다. 언제나 응원합니다. 그리고 사랑합니다.

제3막

정신을 이끌어주는 삶을 살다

: 어니스트 헤밍웨이, 생텍쥐페리 :

우리들은 현실세계를 살아간다.
그러나 작가들은 세계를 창조한다.
하드보일드 문체의 대명사가 된 어니스트 헤밍웨이,
『어린왕자』로 읽는 이의 모든 가슴에 별을 심어준 생텍쥐페리.
창조는 고통을 수반하기 때문일까?
지금은 별이 되어 사라진 그들이지만 분신인 작품들은
여전히 현재 진행형이다.
가슴 아픈 비극과 신비함을 남긴 두 작가.
사라진 순간마저 더 극적인
그들을 만나다

☆잉케별☆

어니스트 헤밍웨이

이야기의 가장 미묘한 부분들은 바로 독자의 상상에 의해 완성이 되지요.
작가는 말하는 대신 넌지시 암시만 해줍니다.
제 소설들은 내용이 아주 풍부한데
왜냐하면 10%만 글로 적혀 있을 뿐
나머지 부분은 모두 보이지 않는 마음의 세계에서
일어나는 것이기 때문입니다.

헤밍웨이(1899~1961년, 미국)

1899년 일리노이주 오크파크(지금의 시카고)에서 태어났다. 아버지는 낚시, 사냥, 권투를 즐기던 의사였고 어머니는 성악가였다. 1917년 고교 졸업 후 캔자스시티 《스타》지의 인턴기자가 되었다. 제1차 세계대전이 발발하자 의용병으로 적십자사 야전병원의 수송차 운전병이 되었다. 전쟁 후 그는 캐나다 토론토에서 《토론토 스타》지의 기자가 되었고, 특파원으로 파리에 건너가 거트루드 스타인★, 에즈라 파운드★★등과 친교를 맺으며 소설을 썼다.

헤밍웨이는 행동파 작가로 자신의 경험을 바탕으로 한 소설을 썼는데 파리와 스페인을 무대로 한 남녀를 중심으로 전후의 양상을 묘사한 책, 《해는 다시 떠오른다》로 '잃어버린 세대'의 대표적 작가로 떠올랐다. 1936년 스페인에서 내란이 일어나자 그는 파시스트이자 후에 군사 독재자가 된 프랑코에 반대하여 공화정부당에 가입해 활동했다. 1940년에는 그의 경험을 바탕으로 『누구를 위해 종을 울리나』를 발표하여 『무기여 잘 있거라』 이상의 반향을 불러일으켰다.

★ 미국의 여류작가·시인. 소설이나 시에서 대담한 언어상의 실험을 시도했을 뿐만 아니라 새로운 예술운동의 비호자가 되었다.
★★ 미국의 시인·문예 비평가. 20세기 초반의 모더니즘 시 활동의 중심인물이었다.

1952년에는 세기의 명작 『노인과 바다』를 발표하여 다음해 퓰리처상을 받고 1954년에는 노벨 문학상을 받았다. 1954년 두 번의 항공기 사고를 당한 그는 중상을 입었다. 말년에 사고의 후유증과 우울증으로 집필활동도 점차 막히기 시작한 그는 1961년 스스로 생을 마감했다.

＊현재 잉케별로 복귀하지 못하고 삶을 성찰하는 장소에서 특별교육 중에 있다.

헤밍웨이의 사명, 고통의 승화

• interviewed by 브리짓 •

안녕하세요, 헤밍웨이님. 제 이름은 브리짓이라고 합니다.

 반갑습니다. 브리짓님.

님과 대화할 수 있을까요?

 이번 기회에 제 삶에 대해 잘 알려지지 않은 것들을 밝히고 싶군요. 사람들의 삶에 긍정적인 영향을 주길 바라면서 말이지요.

저야말로 당신과 직접 이야기할 기회를 얻어 기쁩니다. 헤밍웨이님이 보여준 뛰어난 작품들에 대해 존경을 표합니다.

🎙 제 작품을 높이 사주시니 감사드립니다. 한 가지 말씀드리고 싶은 것은 재능이란 자신의 가치나 장점에서 나오는 것이 아니라는 것입니다. 재능은 우주를 진화시키기 위해 주어진 도구입니다. 자신을 위하는 것뿐만 아니라 다른 사람들도 진화시켜주는 도구이지요.

재능이 자신의 진화를 위한 도구이자 다른 사람들의 진화를 위한 도구였다니, 그런 점에서 헤밍웨이님은 자신의 도구로 많은 이들에게 영감을 주었어요.

🎙 글쎄요. 지구에서의 삶을 돌아보노라면 후회와 향수가 묘하게 뒤섞여 있어요. 생전에는 그런 재능이 왜 제게 주어졌는지 잘 몰랐습니다. 글 덕분에 당대의 뛰어난 사람들을 만나는 특권을 누렸지만 그들과 어울리면서 제 집을 타락의 온상으로 만들곤 했습니다. 제겐 세상을 긍정적으로 바꿀 수 있는 재능이 주어졌으나 마음이 오염되었던 것입니다. 그래서 오히려 저를 후퇴하게 만들어 놓

왔죠.

헤밍웨이님은 지금 자신이 사람들의 삶에 끼친 긍정적인 영향을 과소평가하고 계세요.

🎙 하하, 지구에서의 삶의 트릭 중 하나는 미래를 보려고 할 때는 모호하지만 뒤돌아볼 때는 명료하게 보인다는 것이지요. 죽고 나서야 제가 저지른 비극의 중대성을 깨닫게 되었으며 그제야 '진실'을 의식하게 되었습니다.

'진실'이라뇨?

🎙 진실이란 내가 누구인지에 대한 인식과 내가 무엇을 하기로 되어 있는지, 지구에서 몸과 생을 부여받았다는 것이 무엇인지를 아는 것입니다. 또한 죽음이 무엇인지에 대한 인식을 뜻하죠. 죽고 난 후에야 그러한 정보가 뚜렷해졌습니다. 살아있는 동안에는 자신에 대한 지나친 자부심 때문에 삶이 흐릿했습니다. 제가 몰락한 원인은 바로 교만이라 할 수 있어요.

교만 때문에 자살하셨단 말인가요?

🎤 그렇습니다. 젊은 시절에는 세상을 더 명확히 볼 수 있었습니다. 제가 가진 의도도 순수했고 세상에 변화를 가져오겠다는 이상으로 가득 차 있었죠. 열심히 일했고 열정이 있었기에 일찍 유명해졌어요. 하지만 제 재능을 제 것인 양 착각하게 되었어요. 자신에 대해 자만하게 되었고 사람들의 찬사를 들으며 에고를 키워갔어요. 명성과 돈을 쾌락에 탐닉하는 데 썼습니다. 그리고 제 힘과 영향력을 저에 대한 전설을 지속시키는 데 썼습니다.

그렇게 말씀하시는 당신에게서 자신에 대한 크나큰 실망이 느껴지군요.

🎤 지구에 한 번 더 태어날 수 있다면 얼마나 좋을는지요. 그럴 수만 있다면 이전과는 다른 삶을 살고 싶습니다.

삶에 대해 말씀하시니 어떻게 지구에 태어나게 되었는지 궁금한데요. 원래 고향은 어디인지요?

🎤 제 원래 고향은 잉케별입니다.

잉케별은 어떤 곳인가요?

🎙 잉케별은 지구가 변화를 겪고 있는 것을 지켜보고 있어요. 우리는 다양한 별에서 온 선한 의도를 가진 존재들로 이루어진 거대한 공동체입니다. 우리 별 사람들은 부정적인 영향으로부터 지구인들을 보호하는 수호자와 안내자의 역할을 하고 있습니다. 저도 그중 한 사람이었죠. 그래서 스스로 지구에 가기를 원했습니다.

지구로 오기 위한 스케줄을 직접 짰는데, 50%는 자신의 진화를 추구하고 나머지 50%는 다른 사람들을 안내하고 그들에게 영감을 주는 데 안배했습니다. 뒤돌아보니 그 스케줄은 제 능력에 비해 좀 과했던 것 같습니다.

단순함으로
천 가지를 말하다

헤밍웨이님. 그래도 당신이 남긴 작품들은 오늘날까지도 살아 숨 쉬고 있어요. 그렇게 말씀하시지 마세요. 당신의 놀라운 재능은 어디서 온 것인가요?

🎙 높은 차원에서 내려주신 재능이었습니다. 이전에 말씀드렸듯이 제가 가진 재능은 제 것이 아니라 단지 우주에서 주신 도구일 따름입니다. 이런 종류의 재능은 살아있을 때 계발되는 것이 아니라 태어날 때 주어지는 것입니다. 비유하자면 오늘날 컴퓨터들에 더해지는 소프트웨어 같은 것입니다. 특정한 작업을 할 수 있게 해주거나 자신의

진회를 위해 쓸 수 있게 해주는 것이지요. 잊지 마세요. 어떤 경우든 재능이란 자신과 타인들을 진화시키는 일을 통해 우주 전체의 진화를 도모하기 위해 주어지는 것이라는 것을.

'빙산 이론'에 대해 여쭐게요. 님은 가급적 형용사를 쓰지 않고 명사와 단순 동사만을 사용하여 요점으로 바로 들어가는 미니멀한 문체(일명 하드보일드 문체)로 유명하지요.

🎤 빙산 이론은 퍽 단순한 것입니다. 독자들에게는 단지 빙산의 일각만 보여주고 나머지 이야기는 보이지 않도록 하는 이론이지요. 독자들에게 일각만 보여 주더라도 보이지 않는 부분에 대한 정보까지 전달됩니다. 단순한 언어로 사람들의 마음을 움직일 수 있었어요. 단순하고 자연스러운 글은 독자들이 텍스트를 의식하고 있지 않아도 글을 느낄 수 있도록 하게 해 주지요.

당신의 삶은 불행했을지라도 글을 쓸 때만큼은 행복했던 것 같아요. 훌륭한 작품을 남기신 걸 보면 알 수 있거든요.

🎙 전쟁이라는 어려운 시기를 겪은 데다 아름다운 것을 사람들과 공유하고 싶었어요. 느끼거나 상상하는 장면을 정확하게 표현하는 데에 기쁨을 느꼈어요. 글을 쓸 때는 언어로 이미지를 포착하고 그 후에 감정을 실었습니다. 덕분에 독자들은 글을 읽으며 감정의 여행을 할 수 있었지요. 또 긍정적인 표현을 쓰고자 노력했어요. 예를 들어, '그녀는 못생기지는 않았다'라고 쓰는 대신 '그녀는 아름다웠다', '비싸지 않다'라고 쓰는 대신 '경제적이다'라고 썼고 '실수 없음' 대신 '정확하다'라고 썼어요. 그렇게 함으로써 저도 행복해질 수 있었고요.

놀라운데요. 그 말씀을 듣고 보니 실제로 생각이 확장되는 것 같아요. 긍정적인 글쓰기 방식에 대해 좀 더 설명해 주신다면요?

🎙 재미있어 하시니 저도 기분이 좋습니다. 예를 들어 '못생기지 않다'라고 생각하면 제일 처음 생각나는 것이 못생긴 사람의 이미지가 떠오르죠. 하지만 '아름답다'라고 하면 아름다움에 관한 이미지가 순식간에 떠올라 독자들은 에너지 낭비를 할 필요가 없어요. 글자로 쓴 글보다는 마음의 이미지를 불러일으키는 것이 훨씬 강력합니다.

과연 그리네요.

🎙 텔레파시로 대화하는 것이 어떤지를 한번 생각해 보십시오. 텔레파시는 가장 완벽한 의사소통 도구입니다. 파장으로 이루어진 세계는 단순하기 때문에 부정적인 형태를 상상하는 것이 허용되지 않습니다. 파장의 세계에서는 '지루하지 않다'라고 하는 것은 에너지의 낭비라 할 수 있어요. 대신에 쉽고 명확한 관념인 '재미있다'라고 쓰는 것이죠. 생각과 언어를 단순화하는 것은 효율적이고 진화된 의사소통 방식입니다. 이런 방식이 에너지를 저장하고 오해를 방지할 수 있는 방법입니다. 소통을 할 때에는 어휘를 단순화하고, 언어보다는 그 뒤에 숨겨진 이미지가 대신 말할 수 있게 하면 좋은 결과가 있을 겁니다.

앗, 저의 어려움을 해결해 주셨어요. 헤밍웨이님. 님이 사용하신 문체에 대하여 사람들이 모르고 있는 부분이 있다면 말씀해 주실 수 있는가요?

🎙 제 문체는 단지 글 쓰는 방법이 아니라 인간에 대한 프로그램을 운영하는 방법이었습니다. 바로 사람들에게 영감을 주기 위해 고안된 방법이지요. 이 힘은 언어의 단순함

에서 옵니다. 제가 쓴 단어들은 인간의 정신을 이루는 다양한 요소들에 연결되어 있는 코드입니다. 가르침을 주기 위해 욕구나 감정 같은 인간의 여러 부분을 불러일으키는 코드이지요. 그 코드는 제가 개발한 것이 아니라 우주의 어느 높은 차원에서 보내주신 것입니다.

누군가 님에게 여섯 단어로 짧은 이야기를 지어보라고 하자 이렇게 쓰셨다지요. For sale: baby shoes, never been used. (한 번도 사용하지 않은 아기 신발을 팝니다.) 짧은 문장이지만 저는 이 문장을 읽었을 때 그 단순함에 놀랐고 빙산 이론을 좀 더 이해하게 되었어요. 몇 안 되는 단어들을 통해 다양한 감정들을 느낄 수 있었답니다.

먼저 이 이야기의 주인공인 어느 여인에게 깊은 연민을 느꼈어요. 아기를 간절히 원했지만 한 번도 아기를 낳아본 적이 없는 여인이겠지요. 혹은 태어나기도 전에 유산으로 잃어버린 여인일 수도 있지요. 여인은 아기를 낳고 싶다는 바람으로 아기 신발을 샀거나 누군가에게 받아놓은 상태였지요. 또 한 번도 태어날 기회를 얻지 못했을 아기의 영혼을 생각하자니 가여웠어요. 저는 상실의 아픔을 느꼈고, 아기를 원했으나 결코 갖지 못한 여인의 갈망도 느꼈어요.

🎙️ 하하. 브리짓님은 감성이 풍부한 분이시군요. 사실 글은

그 글을 읽는 모두에게 다르게 작용하는 거랍니다. 그들이 상상할 수 있는 것에 따라 혹은 겪어온 삶의 경험들에 따라 다르게 나타나지요. 언어는 어떤 경험을 하며 살아왔느냐에 따라 개개인에게 독특하게 영향을 미칩니다.
당시 저는 그런 코드를 사용하여 인간을 가르치는 프로그램을 디자인하고 있었습니다. 만드는 법은 혼자만 이해하고 있었고 독자들이 책을 읽을 때면 그들의 사고체계와 연동하여 실행되었지요. 그래서 제 글을 읽을 때 실제로 이야기를 쓰는 것은 바로 독자들입니다. 저의 천부적 재능은 바로 독자 한 사람 한 사람마다 다르게 받아들여지는 이야기를 쓰는 데 있었죠. 읽는 이의 상상력과 경험을 소재로 사용했기에 가능한 일이었습니다.

실제로 글을 읽으며 이야기를 만드는 것은 독자라는 말씀이시군요.

네. 제 글의 소프트웨어는 어떤 운영체제에서도 작동할 수 있습니다. 왜냐하면 모든 영혼들은 풍부하게 축적된 경험들로 이루어진 자료은행을 가지고 있기 때문이지요. 그러므로 제가 쓴 책들 중 한 권을 유년기에 읽고 똑같은 책을 30년 후에 다시 읽는다면 둘은 완전히 다른 내용으로 이해될 것입니다. 당신은 그동안 훨씬 더 많은 경험들을 쌓았기 때문이죠.

저는 사람들에게 무엇을 생각할지 말해주는 대신 독자의 내면에 어떤 감정을 불러일으킬 것인지 계획했습니다. 바로 이야기의 보이지 않는 부분들을 통해 계획한 것입니다. 제 글을 읽는 것이 지루하지 않은 것은 이 때문이지요. 즉흥적으로 지어낸 것이 아니었어요. 어떻게 쓸 것인지 하나하나 정교하게 계획하고 나서야 쓰기 시작했죠. 쓰고 나서는 글들이 군더더기 없이 빛을 발할 때까지 다듬었어요.

좋은 글이란 말보단 배열이 중요합니다. 어떤 것을 택하고 어떤 것을 생략하느냐 하는 것을 말합니다. 생략된 부분들 또한 책에 최종적으로 쓰이는 부분과 마찬가지로 모두 사전에 치밀하게 계획되는 것입니다. 이야기의 가장 미묘한 부분들은 바로 독자의 상상에 의해 완성되지요. 작가는 말하는 대신 넌지시 암시만 해줍니다. 제 소설들은 내용이 아주 풍부한데 왜냐하면 10%만 글로 적혀 있을 뿐 나머지 부분은 모두 보이지 않는 마음의 세계에서 일어나는 것이기 때문입니다.

10%만 글로 적혀 있다. 그리고 나머지 부분은 마음의 세계에서 일어나는 일이다. 그게 어떻게 가능했나요?

🎙 사건을 서술할 때 형용사를 사용함으로써 독자에게 어떤 것을 연상하도록 강요한 적이 없어요. 대신 무슨 일이 일어났는지 장면들을 정확하게 보여줌으로써 독자가 그 일을 실제로 경험하는 것처럼 생각하게 했지요. 등장인물이 정확히 어떤 감정이나 생각을 갖고 있는지를 독자에게 말하지 않았죠. 단순한 문장에서 복잡한 것들을 느끼고 독자 스스로 보이지 않는 부분들이 지닌 힘에 대하여 성찰할 수 있게 했어요. 그러므로 제 재능은 사람들로 하여금 물질세계에 대한 애착을 버리도록 돕고 마음의 세계로 관심을 유도하기 위해 주어졌던 것이죠.

'잃어버린 세대'
지구에 파견된 특별 TF팀

님의 스케줄을 보면 모험심이 많은 분 같아요. 아마도 열정이 많아서 그랬겠지요? 1차 세계대전에 참전하고자 군에 입대하려 했었지요. 그래서 님의 작품들 중 몇 편의 주제나 배경은 전쟁이었지요.

🎙 지금은 제 역할이 무엇이었는지 알고 있으므로 당시 전쟁에 연루되는 것이 필연적이었다는 것을 이해합니다. 학교를 막 졸업할 무렵 유럽에서 전쟁이 일어났어요. 당시 전쟁으로 이끌려 들어가는 것을 느꼈어요. 전쟁의 매력은 실로 엄청났어요. 하지만 시력이 나빠 군인으로 참전하는 것은 거절당했어요. 그래서 적십자사에 들어가 앰뷸런

스 기사가 되었는데, 제 생애에서 죽은 이들과 부상당한 이들을 가장 많이 지켜보게 된 시기였죠.

그 일은 인간에 대해 무자비하면서도 정확한 교육을 시켜 주었죠. 전시에 겪는 인간의 고통과 감정에 대해서 말이지요. 저도 박격포 포탄의 파편을 맞아 심한 부상을 입었어요. 주위에 있던 사람들 역시 죽거나 부상을 당했어요. 전 겨우 18세였는데, 이런 일들은 제가 나아갈 방향을 명료하게 계획하는 데 도움을 주기 위해 일어난 것이었죠. 후에 이끌어 주어야 할 사람들이 겪는 고통과 도전들을 명확히 이해해야 했기 때문이죠. 평생 신체적, 감정적, 경제적 어려움을 겪어야 할 사상자들의 처지 말입니다.

어린 시절부터 전쟁과 복잡하게 관련이 있을 거란 직감이 있었습니다. 파시즘에 대해서도 강한 반감을 품고 있었는데 이로 인해 전쟁과 정치에 대한 이상을 심어 놓았던 것이죠. 안타깝게도 저는 제 역할이 인류의 안녕과 발전과 관련이 있는지 몰랐어요. 사람들은 저의 재능에 대해 찬사를 하기 시작했고 저는 마음속에서 서서히 자만심을 키워갔습니다.

님의 역할이 구체적으로 무엇이었는가요?

🎙️ 저와 비슷한 스케줄을 갖고 지구에 온 분들이 몇 분 있습니다. 우리들은 함께 할 일이 있었죠. 말하자면 1,2차 세계대전이 남긴 정서적, 심리적 영향에 대처하기 위해 보내진 특별 TF팀이었죠.

1920년대를 휩쓴 대공황으로부터 사람들을 격려하고 끌어올리는 일도 우리가 해야 할 일이었어요. 특히 잘했던 분야는 영성을 높이는 데 고통을 어떻게 이용할 것인가, 어떻게 고통을 긍정적인 결과로 바꿀 수 있는가를 사람들에게 보여주는 것이었어요. (슬퍼하며) 우리가 첫 임무를 제대로 수행했더라면 2차 세계대전의 규모가 극적으로 줄었을 텐데….

그런 큰 프로젝트가 기획된 것인 줄은 몰랐어요. 당신의 TF팀원들이 누구인지 우리들도 알 만한 사람들인가요?

🎙️ 이른바 '잃어버린 세대(lost generation)'★ 작가군을 연구

★ 일반적으로 제1차 세계대전 후에 환멸을 느낀 미국의 지식계급 및 예술파 청년들에게 주어진 명칭. 길 잃은 세대라고도 함. 이 세대의 작가로는 헤밍웨이를 비롯하여 F.S.피츠제럴드, J.더스패서스, E.E.커밍스, W.C.포크너 등이 있음.

해 보면 TF팀원들이 누군지 알 수 있을 겁니다. '잃어버린 세대'는 1920년대를 관통한 윤리적 회의나 복적상실을 깊이 겪은 예술가들과 작가들로 이루어져 있어요. 20년대 미국 작가들만 지칭하는 통념과는 다르게 '잃어버린 세대'에는 다른 예술가들도 많습니다.

1차 세계대전은 우리가 지닌 이상주의의 상당 부분을 파괴했고 선하게 산다면 좋은 일이 일어날 거라는 잘못된 생각을 무너뜨렸습니다. 많은 선량한 젊은이들이 전쟁터에서 죽었어요. 귀향하더라도 신체적으로 정신적으로 다쳐서 돌아왔어요. 젊은이들에게 희망을 주었던 윤리규범에 대한 믿음은 더 이상 설 곳이 없어졌어요. 그래서 우리들이 '길을 잃은(lost)' 이들이라 불리게 된 것입니다.

'길을 잃은' 이들이라는 데 동의하시는지요?

🎙 네. 우리들은 길을 잃었어요. 하지만 그것은 우리가 지구에서 해야 할 모험의 시작일 뿐이었어요. 우리는 지구에 온 진정한 목적을 깨우친 후에 함께 하기로 되어 있었죠. 사람들의 삶에 새로운 의미를 심어주기 위해서입니다. 사실 우리는 결코 '길을 잃은' 이들로 머물러서는 안 되고

역경을 아름답게 극복하는 모델을 제공해야 했습니다.

'잃어버린 세대' 작가들은 어떤 공통점이 있나요? 서로 함께 하기로 한 것이 무엇이었나요?

🎙 우리는 1920년대 프랑스에서 만나기로 약속했어요. 굳이 프랑스였던 건 당시 예술계의 중심지였기 때문이었죠. 각자가 타고난 재능은 예술과 문화 분야에서 대단한 것이었어요. 우리의 미션은 사람들에게 고통을 예술로 승화시키는 법을 보여주는 것이었는데 바로 사람들 마음속에 숨겨진 보석을 스스로 찾도록 도와주는 일이었습니다. 보석이란 하늘이 각자에게 내려준 재능을 뜻합니다. 이를 통해 사람들은 자신들을 좌우하고 있던 물질의 지배를 벗을 수 있는 것이고요.

사람들이 물질주의에서 벗어나도록 하는 것이 왜 필요했나요? 경제적인 성장은 좋은 것이라 생각하는데요.

🎙 경제는 사람들을 스스로 발전시킬 수 있는 기회를 제공하기도 하죠. 가장 눈에 띄는 것은 지적인 능력을 계발시

켜주는 것이죠. 그러나 경제제도란 어디까지나 인위적이라는 것을 알아야 합니다. 본질적인 것이 아니기에 사람들에게서 힘을 빼앗아 가지요. 돈이란 그저 에너지를 나타내는 상징일 뿐이며 대부분 물질의 교류에 한정되어 있습니다. 우주에서 진정한 교류란 돈으로 이루어지는 것이 아닙니다. 기운 자체와 직접 교류를 하지요. 그러므로 물질은 전혀 필요 없습니다. 지구인들은 기운의 진정한 의미와 우주의 실체에서 분리되어 있습니다.

헤밍웨이님의 그룹은 인류가 물질주의의 지배에서 벗어나도록 돕는 일을 어떤 방식으로 수행하셨나요?

🎤 지구의 모든 생각들은 새로운 것이 없습니다. 모두 우주 어디에선가 온 것이고 파장을 통해 공유되는 것입니다. 예술가들, 음악가들, 작가들 혹은 발명가들이 새로운 아이디어를 세상에 내보인다면 그것은 그들이 더 진화된 별에서 왔기 때문입니다. 우주의 파장을 읽고 해석하며 표현할 수 있는 능력을 가지고 있으며 자신이 가진 재능을 도구로 하여 완수해야 하는 과제들을 맡고 있습니다. 우리 특별 TF팀원들은 지구인들이 파장을 받도록 노력함으

로써 우주와 다시 연결되도록 가르치고 격려하는 사명을 받았어요. 물질세계에 의식이 갇히지 않도록 말이지요. 고통은 인간이 영적(靈的)인 진화를 이루는 데 확실한 동인입니다. 1차 세계대전의 아픔은 사람들에게 영성의 도약을 이룰 수 있는 완벽한 발판을 제공해 주었습니다. 하지만 어떻게 고통을 다룰 것인가에는 항상 자유의지가 따릅니다. 자신이 무엇을 선택하느냐에 따라 인간은 퇴보할 수도 진화할 수도 있습니다. 글, 예술 혹은 다른 방법을 통해 의식을 함양하는 모델이나 새로운 아이디어들이 제공된다면 사람들은 진화를 향해 긍정적으로 나아갈 수 있는 영감을 얻습니다. 그러나 우리 팀은 과제의 수행에 실패했습니다. 참 당혹스럽군요!

아! TF팀이 실패한 주요 원인은 무엇이었는지요?

1차 세계대전이 끝난 후 우리는 스케줄대로 프랑스에서 만났습니다. 각자는 개별적인 스케줄의 결과로서 고난을 겪어 넘긴 상태였어요. 개별적인 스케줄은 각자 자신이 가지고 온 사명에 눈뜨게 하도록 짜여 있었죠. 사실 저는 자신을 가장 탓하고 있습니다. 전쟁 중 부상에서 회복하는 동안 저를 치료해주던 간호사를 사랑하게 되었거든요. 약해진 몸과 감정의 상태 때문에 그 사랑은 굉장히 소모적이고 이기적이었어요. 그저 저 자신의 필요와 불건강한 의존적인 욕구로 가득 찼을 뿐이죠. 그 여인이 저를 거절했을 때, 마치 세상이 모두 끝난 것 같았어요. 몸의 통증과 사랑했던 여인의 거절로 인해 알코올에서 위안을 얻고자 했는데, 이것이 잘못된 방향으로 내딛은 첫걸음이었어요.

저는 우리 TF팀의 리더가 되기로 예정되어 있었습니다. 그러나 새 아내와 파리에 도착했을 때는 이미 쾌락주의에 젖은 상태였어요. 고통을 없애기 위해 순간의 즐거움을 추구하는 사람이 된 것이지요. 우리 TF팀의 다른 멤버들을 만났는데 그들 역시 고통 받고 있었습니다.

전쟁에 대한 환멸과 그로 인한 감정적, 신체적 상처들로 고통 받고 있었지요. 우리는 서로를 위로하고 동정을 표했어요. 늘 과음을 하며 보헤미안들처럼 자유분방하게 생활했습니다. 깨어나지 못한 상태에서 서로 시기하는 파괴적인 관계를 형성했죠. 서로를 격려하고 존경도 했지만 서로를 파괴하는 뭔가를 찾으며 밀고 당기기를 했던 것입니다. 그 결과 우리가 가진 힘은 약화되었습니다.

우리가 예술가로서 서로 협력하고 격려했다면 그 누구도 대적할 수 없는 세력이 되었을 겁니다. 재능과 위대한 정신을 가진 사람들의 모임이 조화를 이루었더라면 그 시너지는 장대했겠지요. 그러나 역사는 우리의 라이프스타일에 대한 세인들의 논쟁과 혐오의 바다 속에서 몇몇의 보석(작품)만을 보여주었죠. 우리 팀을 잘못 인도한 것, 제가 가진 영향력을 순전히 이기적인 오만함을 충족시키기 위해 사용한 것은 제 잘못입니다. 비난받아 마땅합니다.

헤밍웨이,
인생관을 말하다

님이 살아있을 때는 자신이 인류를 돕는 사명을 가지고 오셨다는 사실을 몰랐다고 하셨지요. 그럼 생전에는 삶의 의미가 무엇이라 생각했나요?

🎤 (짧게 탄식하며) 삶은 참고 견뎌야 할 것이었어요. 삶이 고통스럽다고 생각했는데 고통의 종류는 다양했습니다. 제가 가장 좋아하는 표현은 'il faut (d'abord) durer (첫째, 인간은 참아야만 한다)'였어요. 누군가 제게 인생관을 물을 때마다, 그리고 인생이란 주제에 대해 골똘히 생각할 때마다 떠오르는 것이 이 대사였지요. 고통을 참아내면 아름다운 것이 창조된다는 것을 느꼈기 때문이지요. 당시 삶

이제 것이 아니며 제가 원하는 대로 할 수 있는 것이 아니라는 것은 직감적으로 알고 있었어요. 자신의 의지 외에 뭔가 다른 것이 세상을 다스리고 있다는 느낌이 들었던 것이죠. 하지만 그 사실이 전혀 달갑지 않았어요! 그래서 살아 있는 동안 줄곧 그 힘과 엄청난 갈등 속에 있었던 것입니다.

그랬군요.

🎤 앞서 말씀드렸듯 저는 완고함과 오만함으로 인해 반항적인 성격이 되었습니다. 하고 싶지 않은 일을 해야 할 때면 분개했습니다. 그리고 많은 시간을 혼자만의 즐거움을 추구하는 데 썼습니다. 특히 음주를 좋아했는데 고통을 사라지게 해준데다 낙이기도 했거든요. 사냥, 유혈 스포츠도 즐겼고 여인들도 만나며 위안을 얻었어요. (겸연쩍어 하시며) 하하. 이 부분은 따로 다루어야 할 정도로 이야기가 깁니다.

네. 잠시 뒤에 여쭤보지요.

🎤 삶은 즐겨야 하는 것이라 생각했는데 저의 즐거움을 뭔가가 망치고 있다고 생각했습니다. 그렇다고 제가 공부를 안 한 건 아닙니다. 공부보다는 음주를 더 많이 하는 대학생과 비슷한 방식으로 제 공부들을 한 것이지요. 제 공부는 유급수준을 면치 못했고 늘 같은 공부를 되풀이 해야 했어요. 사고가 맑지 못했기 때문이었죠. 그래서 저는 많은 '교훈들'을 참고 견뎌야 했어요. 제게 다가오는 교훈들이 가진 패턴을 알아차렸는데, 이는 잦은 부상과 질병을 치르는 것으로 나타나기도 했습니다. 그러나 그런 일들이 미리 예정된 제 공부과정의 일부라는 사실은 알지 못했습니다.

답답하였겠군요.

🎤 안타까운 노릇이지요. 그때는 지구별 전체가 학교이며 우리는 경험으로부터 배우기 위해 왔다는 사실을 알지 못했습니다. 제 태도는 '잡히지만 않으면 모든 게 합법적이다.'는 식이었어요. 그리고 운이 중요하다는 관념을 갖고 있었습니다. 인과법칙이나, 삶은 영혼이 더 높은 수준의 배움을 얻기 위해 존재한다는 것을 알지 못했습니다.

'잡히지만 않으면 합법적이다.'라고 생각하셨다니 대담하셨군요.

🎙 오만했던 것이지요. 저는 감정을 승화시키는 임무를 부여받았어요. 고통을 예술로 승화시키는 법을 알려주는 것이었지요. 글을 통해 다양한 캐릭터를 보여주고 사람들이 고통을 어떻게 극복하는가를 아름답게 보여주는 것이 저의 할 일이었습니다. 그런 이유로 저는 많은 정신적, 감정적인 고통을 타고났으며 이것들을 하나씩 극복해 나가면서 이를 글로 표현하여 평범한 인간이 어떻게 성장하고 고통을 예술로 승화시키는가에 대해 보여줄 예정이었어요.

아, 마음이 괴로운 것은 정말 어려운 일이에요. 헤밍웨이님. 아까 잠시 미루자고 했던 여성들에 대한 이야기를 해줄 수 있는가요?

🎙 이제 숨길 것도 없죠. 저의 이야기가 다른 분들에게 도움이 되었으면 좋겠습니다.

그럼 저도 여과 없이 질문할게요.

🎙 (웃으면서) 그러세요.

헤밍웨이님. 당신은 4번이나 결혼했어요. 한 여자를 떠나고 다른 여자를 찾고 결혼을 하고. 그렇게 행동했던 이유가 뭔가요?

저는 정서적으로 독립하지 못했습니다. 정을 밖에서 채우려고 했지요. 마치 버릇처럼 말입니다. 저는 계속 여자를 찾아다녔고, 일정한 시간 동안은 상대에 집중하는 것이 저의 기분을 좋게 해주었어요. 저는 사랑이라는 감정에 중독되어 있었던 것이죠.

듣기로는 당신의 어머니가 권위적이었다고 하던데요. 아들에게 절대 사랑을 표현하지 않는 분이었다고요. 그래서 당신은 어머니를 싫어했다고 하는데 혹시 이것이 여성편력에 영향을 끼쳤나요?

저하고 어머니와의 관계가 저의 행동에 영향을 끼친 것은 아닙니다. 오히려 어머니는 공부를 위해 필요했습니다. 자기를 사랑하기 위해 그런 어머니를 두는 경험이 필요했습니다. 저는 자신을 사랑함으로 정서적으로 독립하고 글 쓰는 데 집중하기로 되어 있었습니다. 인간에 대한 사랑을 그만두고 하늘의 사랑을 느꼈어야 했어요.

  ── 그가 자살한 까닭은? ──

제가 자살한 주요 원인도 이렇게 어리석고 오만한 면 때문이었습니다. 나이가 들어간다는 것을 받아들일 수 없었어요. 몸이 더 이상 제 의지대로 움직여 주지 않았지요. 하지만 그럴 때에도 저는 자신을 낮출 수가 없었습니다. 늙어가고 병드는 사실을 받아들일 수 없었고 그것이 저를 미치게 했습니다. 저는 작가로서 펜에 의지해서 살아야 했습니다. 문학을 통해 아름다움, 열정, 진실함의 원칙들을 전파하면서 살아야 했습니다. 하지만 실제로는 무기로 살다 무기로 죽은 삶이 되었어요.

하지만 당신이 자살했을 무렵 상태가 안 좋았다고 읽었어요. 전기요법을 시도하고 있었고, 이로 인해 기억력을 상실하고, 다른 심각한 증상들도 있었고요. 당신의 가족 중 한 사람도 자살을 했다고 들었어요. 그 말은 당신이 이미 자살할 가능성이 많았다는 것을 보여준다고 생각해요. 당신의 업業은 자기가 한 행동에 대해 완전히 자각하지 못했다고 할 때 가벼워질 수 있나요? 게다가 자살 성향은 이미 가지고 있던 것이었잖아요?

우주의 가장 최고의 법칙은 완전한 자아의 책임감입니다. 저의 상황에 동정을 느껴주어서 감사드립니다. 하지만 삶에서 선택했던 저의 행동과 몸을 통해 주어진 고통은 저의 스케줄이었고 저는 그에 대해 책임이 있습니다. 저는 사람들이 어려움을 견뎌내고 영적인 성공을 이룰 수 있도록 빛나는 영감을 주기로 예정되어 있었지요. 하지만 저는 저의 고통을 술과 자살로 견뎌내려 했습니다. 그래서 그 시대의 많은 사람들이 영적인 고통을 자살이나 술로 풀려고 했었습니다. 저는 제가 쓴 글로 인해 유명해진 것만큼이나 자살로 인해서도 딱 그만큼 유명해졌습니다. 이런 이유로 저는 자신과 우주를 실망시켰지요.

인간의 자유의지가 얼마나 큰 변수를 낳는지를 이해해야 합니다. 자신의 일을 가지고 오는 것으로 정해졌다고 하더라도 그리고 태어났을 때 이를 완수할 수 있는 환경이 주어졌다고 하더라도 선택에 따라 실패할 수 있습니다. 사실 많은 사람들이 실패하고 있지요. 자신의 삶은 그저 자신뿐만 아니라 자신이 삶으로써 구제할 수 있는 사람들의 진화를 의미하는 것이기도 합니다. 이런 이유로 자신을 계발하고 사명을 완수하는 것에 실패하는 것은 자신에 대한 범죄일 뿐 아니라 전 우주에 대한 범죄라고 할 수 있습니다. 그럼에도 불구하고 우주는 모든 생명체를 사랑하고 그들이 어떻게든 다시 태어날 수 있도록 하고 있습니다. 용서할 수 없는 실수는 없습니다. 하지만 원인과 결과의 법칙, 인간의 업으로 자명한 그것은 절대로 변치 않는 것이라는 것을 이곳에서 알아가고 있습니다.

지구에서의 삶을 성찰하다

이곳이라뇨? 헤밍웨이님은 지금 어떤 상태에 계신가요?

🎙️ 무의식 상태로 보관되어 있는 수많은 영들처럼 자신의 현재 존재 상태조차 모르는 정도의 수준으로 있지는 않습니다. 그러나 현재 제가 정확히 어디에 있는지는 모르겠습니다. 제가 볼 수 없도록 베일 같은 것이 가로막고 있어요. 저는 지금 일종의 보관 상태에 있습니다. 지구에서의 삶을 뒤돌아보고 성찰하는 장소에 있지요. 다른 고차원의 존재들이 저를 지도해주고 있지요. 일종의 특별교육인데 이를 받을 수 있다는 것은 행운입니다.

잉케별에 돌아가지 못하고 그곳에 있는 이유가 뭔가요?

🎙 지구에서 사는 동안 제가 하기로 했던 진전을 이루지 못하고 사람들을 잘못 이끄는 무거운 업을 지었기 때문에 이곳에 왔다고 생각합니다. 제 역할을 완수하지 못한 업과 자살로 인한 업도 있습니다. 지구에서의 삶이 모든 면에서 성공하지 못했던 건 아니나, 잘못된 선택을 쌓아감으로 인해 스스로의 진화를 늦추어버린 결과가 되었습니다. 이것이 제 후회의 원천으로서 저의 명상주제입니다.

사실 님과 대화하면서 가장 깊게 받은 느낌이 후회였어요. 앞으로 다시 지구에 태어나게 되나요?

🎙 당분간 지구에 태어나는 것은 불가능하다고 들었습니다. 지구 자체가 차원을 상승하는 과정에 들게 되어 특별한 임무가 있는 제한된 수의 영들만 받아들이고 있다고 합니다.[★] 저는 자신의 진화를 지속하기 위하여 지구와 유사

★ 자세한 내용은 『위기의 지구, 희망을 말하다』 참조.

한 또 다른 별로 가야 하는데 그것도 바로 갈 수는 없는 처지입니다.

우주에서 자살은 심각한 문제로 여겨진다고 들었습니다. 왜냐하면 자살은 더 이상 공부하지 않겠다는 의미를 지닌 단호한 행동이기 때문입니다. 진화를 거부하는 것은 우주의 가장 기본적인 원칙, 즉 정正향으로 발전해 나가는 것에 어긋나는 일입니다. 그러므로 저는 몸을 받아 진화하는 데 더 밀접한 인연을 가진 다른 영들 뒤에 서서 제 차례가 오기를 기다려야 하는 것입니다.

현재 처지에서 할 수 있는 일이 있나요?

현재는 살아있는 동안 하지 못했던 '감사하기'를 하고 있습니다. 지난 생을 돌아보고 있지요. 아마 여기에 오래 있을 것 같습니다. 기한은 새로운 곳에서 다시 태어날 인연을 만들 만큼 진화에 대한 충분한 의지를 키울 때까지입니다. 저의 공부주제는, '무엇이 우주를 움직이는가' 입니다.

화두의 의미는 찾으셨는지요?

기본적인 것은 깨달았습니다. 우주는 모든 구성원들을 통해 진화하며 그 구성원들은 자신에 대해 전적인 책임을 져야 합니다. 하지만 이 자각은 아직 피상적이어서 완전히 제 것으로 만들어야 합니다. 저는 이 사실을 깊이 받아들여서 기운의 변화를 일으켜야 합니다.

헤밍웨이님, 후인들에게 해주고 싶은 말이 있다면요?

헤아릴 수 없이 많은 영들이 지구 혹은 그 비슷한 역할을 하는 별들에서 태어나기 위해 순번을 기다리고 있습니다. 지구 같은 별은 우주에서도 희귀한 곳입니다. 생명을 받는다는 것은 빠른 진화가 가능하다는 것을 의미합니다. 만약 이것이 자신이 태어난 이유라는 것을 깨닫는다면 스스로의 진화를 가속화시킬 수 있을 겁니다. 왜냐하면 깨달음은 곧 이번 생에 자신의 모든 공부과정을 마칠 수 있는 가능성을 가지고 있음을 의미하기 때문입니다. 그러나 중요한 것은 자신의 자유의지와 선택에 달려 있지요. 저와 같은 일을 겪지 않고 자신의 공부과정을 잘 이겨내시길 바랍니다.

헤밍웨이님의 경험이 이 시대를 살아가는 이들에게 많은 도움이 될 것 같습니다.

🎙 그렇다면 다행이군요. 모두 저와 같은 시행착오를 겪게 되지 않기를 바랍니다.

너무 멀지 않은 미래에 다시 당신의 작품을 볼 수 있기를 기대합니다. 감사합니다.

🎙 이야기를 나눌 수 있어서 저 또한 감사했습니다.

☆시리우스별☆

앙투안 드 생텍쥐페리

어린왕자의 인생이 바로 제 인생이고 제가 원하는 삶이었어요.
저는 그렇게 삶을 마감했고 남은 사람들이 글 속의 나처럼
나를 그리워해주기를 바랐어요.
이 책을 읽고서는 다들 밤하늘의 별을 쳐다보며
저 별에는 누가 살고 있을까
나도 죽으면 별로 돌아가는가
라는 생각을 가진 적이 있을 겁니다.
나는 사람들에게 돌아가야 할 별을 만들어줬습니다.

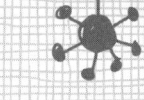

생텍쥐페리(1900~1944년, 프랑스)

생텍쥐페리는 1900년 프랑스 리옹에서 옛 귀족집안에서 태어났다. 군에 복무하던 시절 조종사 훈련을 받았던 그는 1926년 초기 우편비행 사업에 가담하여 조종사가 되었고 2차 세계대전이 일어나자 군용기 조종사로 종군했다. 그의 작품들은 비행경험을 녹여낸 것이 많은데『남방 우편기』에서 유작인『성채』에 이르기까지 자신의 경험을 토대로 역경과의 싸움에서 찾아낸 삶의 의미를 주제로 하였다.『야간비행』은 행동적인 문학으로 앙드레 지드★의 격찬을 받은 바 있다.

그가 추구한 삶의 의미란 인간의 정신적 유대에 있다. 그의 생각은『인간의 대지』,『전투 조종사』와 같은 작품에 잘 나타나 있다. 그가 쓴 가장 유명한 책『어린왕자』는 역경을 이겨내고 인간 본래의 순수성을 지킨 작가의 세계가 잘 나타난 책으로 1943년 미국에서 먼저 출판되었다. 삶의 마지막까지 하늘을 여행했던 생텍쥐페리는 1944년 7월 31일 정찰을 나간 뒤 돌아오지 않았다.

* 현재 시리우스에서 '에르케고스 아크하르트'란 이름으로 살고 있다.

★프랑스 소설가. 프랑스 문단에 새로운 기풍을 불어넣어 20세기 문학의 진전에 지대한 공헌을 하였으며, 노벨 문학상을 수상함.

제3막, 정신을 이끌어주는 삶을 살다

시리우스별의 사절단
생텍쥐페리

• interviewed by 김태욱 •

안녕하세요. 생텍쥐페리님을 청합니다.

(빛 속에서 비행기 한 대가 서서히 나를 향해 날아온다. 작은 비행기는 힘없이 사막에 내려앉고 그 옆에는 비행기를 바라보는 붉은 망토를 입은 사람이 서 있다.)

🎤 여기에서 이야기를 시작하고 싶습니다. 안녕하십니까. 시리우스에서 온 생텍쥐페리입니다.

반갑습니다. 김태욱이라고 합니다. 만나 뵙게 되어 영광입니다.

🎙 다들 나의 죽음에 대해 궁금해 하시죠?

생텍쥐페리님의 비행기 잔해와 아내의 이름이 적힌 시계 등의 유품은 바다 속에서 찾을 수 있었지만 생텍쥐페리님은 결국 찾을 수 없었으니까요. 작품만큼 신비한 결말이라고 다들 이야기하구요.

🎙 110년이 지났군요. 내가 지구에 내려갔을 때가 1900년 그리고 바로 빠져나왔으니까요.

생텍쥐페리님의 나이도 중요하지만 10년 전에는 어린왕자 탄생 60주년 이기도 했습니다.

🎙 두 명의 나를 지구에 남겨놓은 셈이죠. 어떤 쪽이 궁금한가요. 생텍쥐페리? 아니면 어린왕자?

물론 생텍쥐페리님입니다. 생텍쥐페리님에 대한 책을 보면서 『어린왕자』에서는 미처 알지 못했던 당신의 모습을 많이 발견하게 되면서 그간 너무 편협한 사고로 당신을 바라보고 있었다는 생각이 들었습니다.

🎙 예를 들면 어떤?

열정적인 바람둥이에 자살을 꿈꾸는 군인? 그리고, 망명 지식인으로서의 삶. 이런 것들입니다.

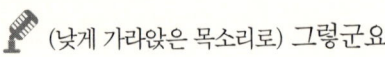 (낮게 가라앉은 목소리로) 그렇군요.

생각보다 차분한 분이시군요.

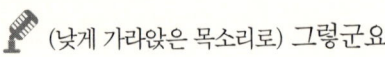 대체로 그렇습니다. 많은 말을 하기보다는 필요할 때에 필요한 말을 하는 편이죠. 말을 많이 하면 어디선가 실수가 발생하죠.

사실 저는 오늘 만남을 준비하면서 조금 신이 났습니다. 님에 대해 새롭게 알게 된 부분들을 꼭 질문하고 싶었죠. 잘 부탁드립니다.

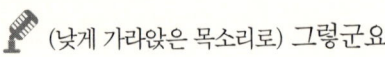 시작하시죠. 답하겠습니다.

생텍쥐페리님은 현재 어떤 일을 하고 계신가요?

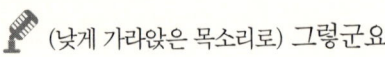 시리우스의 사절단으로 여러 별을 여행하고 있습니다. 일종의 외교관과 같습니다. 하지만 국가에서 보낸 사절

은 아니며 국가의 공인을 받은 민간 사절단이라고 보시면 됩니다.

지구에서도 항로 개척 등으로 전 세계를 여행하셨는데 돌아가셔서도 그러시군요.

🖊 좋아합니다. 이런 여행과 별들. 아직도 가보지 못한 별들이 많으며 그 안에 샘솟는 이야기들, 그것을 발견하는 일이 제 인생의 가장 큰 기쁨입니다.

네. 지구에 오시기 전에는 어떠셨나요? 그때도 지금처럼 사절단의 역할을 하고 계셨나요?

🖊 그렇습니다. 지구에서의 삶 자체가 사절단의 임무이기도 했지만 탐험이라고 하는 편이 좋을 것 같네요. 지구에서의 삶은 한 번은 아니었습니다. 생텍쥐페리 이전에 2번의 삶이 있었고 2번의 삶을 통해 지구에 남기고 싶은 것이 있었습니다.
자신의 자리에만 있어서는 자신이 누구인지 알지 못합니다. 자신의 자리를 떠나봐야만 자기가 누구인지 알 수 있습니다. 지구에서의 삶을 통해 나는 그것을 알았습니다. 내가 누구인가. 시리우스인 에르케고스 아크하르트. 이름을 벗어난 나에 대해 알고 싶었고 그런 나를 찾는 방법은 더 많은 사람들 속에서 들어가 나를 비추는 방법이 제일 적절하다고 생각했습니다.

세 번째 지구에서의 삶인 생텍쥐페리의 삶이 그런 이유로 시작된 것이군요?

🎙 그렇습니다. 지난 2번의 삶은 너무 평범했으며 멀리 나가 볼 수 없어서 지구를 모두 돌아볼 수는 없었습니다. 그래서 평온한 작은 삶에서 시작해 세계를 누비는 한 어린아이의 삶을 기획했어요. 어린이의 맑은 눈으로 세상을 바라보는 지구에서의 삶. 쉽지 않았어요. 예상은 했지만 감당할 수 없었죠. 물들지 않고 순수를 지켜낸다는 것은 너무나도 처절한 일이더군요. 그 당시의 고통은 다시 생각하기 싫을 정도랍니다.

삶을 기획해서 내려오셨다고 하셨는데요. 기획안을 누구한테 제출하기도 하나요?

🎙️ 협의자가 있지요. 지구에서의 삶을 시작하려면 조율해야 할 것들이 매우 많습니다. 시기에 따라 인구수 조절도 필요하고 각 시대의 시나리오를 짜는 분도 계시기 때문에 제가 지구에 내려가기 위해서는 지구를 관리하는 분들에게 왜 지구에 오고 싶은지에 대해서 잘 설명했어야 했죠. 일종의 입학시험 같은 거였습니다.

대사관이나 공항의 입국관리소 같은 그런 곳이라도 있는 건가요?

🎙️ 그렇지는 않습니다. 문학적으로 그렇게 표현할 수도 있겠지만 차원을 달리하는 지구로 들어가기 위해서는 지구를 둘러싸고 있는 여러 층의 차원 막을 통과해야 합니다. 각 층의 차원 막은 내가 가진 의도를 판별해서 가장 적절한 자리로 나의 기운을 몰아갑니다. 지상에서 부족한 부분을 나의 기운으로 메우고 그곳에서 나도 내가 원하는 삶을 살아가는 거죠. 이를테면 윈-윈 관계라고 할까요. 지구에서는 하루에도 수만 명의 사람들이 태어나고 사라집니다. 이 사람들을 매번 인터뷰해서 어디로 태어날지 배치하는 것은 비효율적인 일이죠. 자동적으로 시스템을 만들어놓고 그에 따라 배분되는 굉장히 많은 층으로 이루어진 차

원 막들이 그 기능을 대신해 줍니다. 들어올 때 그렇게 들어온 만큼 나갈 때도 그 모든 층을 통과할 수 있어야 하죠. 통과하지 못한다면 다시 필요한 에너지를 갖출 때까지 윤회를 하게 됩니다. 처음에 내려왔을 때는 그 부분을 잘 몰라서 2번의 삶을 살아야 했었죠.

(그때 생텍쥐페리가 말한 이미지가 그대로 떠올랐다. 무수히 많은 층으로 이루어진 얇은 빛의 막들이 지구를 감싸고 있다. 지구에 들어오려는 우주인들은 빛의 형태로 이 에너지 막에 다가와 자신이 채울 곳으로 이동하고 그곳을 통과하면 다시 다음 층에서 자신이 채울 곳으로 빨려간다. 한 층을 통과할 때마다 원래 가지고 있었던 자신의 에너지를 남겨놓고 각층을 통과한다.)

이런 식이라면 지구에 태어났을 때 남는 에너지가 없지 않겠습니까?

그렇지요. 하지만 절대 변하지 않는 본질이라는 것이 있습니다. 사절단이라는 나의 역할은 방랑자라는 특성에 기인합니다. 그러니 모든 기억을 다 두고 내려와도 떠나고 싶다는 본질을 유지하고 있으면 다른 것들은 삶을 통해서 다 이루어지게 되어 있죠. 오묘한 시스템이죠. 하하

하. 물론 그곳을 다시 빠져 나온 것에 대해서도 스스로에 자부심을 느낍니다.

나올 때에도 마찬가지에요. 지구에서 얻었던 모든 기운을 내려놓고 갑니다. 그 과정이 오래 걸리는 분도 있고 다시 내려가야 하는 경우도 있죠. 하지만 지구를 벗어나면 지구에서의 기억 외에는 아무것도 갖고 있지 않습니다. 그러나 그 기억이 나를 새로운 삶을 살게 해주는 방향타가 되어주죠. 학교에서 배운 공부로 평생을 살아가잖아요? 지구에서의 삶도 이와 마찬가지여서 배워서 남 주는 게 아니죠.

지구에는 사절을 목적으로 오신 건가요?

그렇지는 않습니다. 지구에서는 순수한 개인적인 의도가 있었습니다. 의식이 너무나 현실에만 굳어져 있는 유럽인들에게 새로운 시각의 세계를 보여주고 싶었어요. 삶을 너무 현실적으로만 살면 육체의 유지에만 집중하게 됩니다. 그것은 짐승과도 같은 삶이 될 뿐이죠.

지구에 오기까지

그러면, 좀 더 영적인 삶에 대한 의식을 높이기 위해 지구로 내려오셨다고 보면 될까요?

🎙 당시에도 영적인 지도자는 있었습니다. 하지만 자신의 삶에 그것을 어떻게 녹여내는가는 다른 문제입니다. 교회에 나가서 예배를 보고 하느님이 원하시는 바로 살아간다? 이것은 진실을 모르는 수동적인 모습입니다. 영적인 각성은 시각을 달리 보는 것에서 시작해야 합니다. '나는 이곳에 왜 있는가?' 이 질문을 가지고 시작하지 않으면 '종'으로서 삶을 살다가 갈 뿐이죠. 그것이 아니라는

것을 알리고 싶었어요. 같은 일을 하더라도 이곳에서 무엇을 하여야 하는가를 인식하고 있는 삶과 원칙에 순응하는 삶은 그 에너지가 다릅니다.

'아무도 시키지 않았다. 내가 선택한 삶이다.' 이 부분이 강조되어야 합니다. 서두에서 제 삶은 기획해서 내려왔다는 말씀을 드렸지 않습니까. 마찬가지로 서양인들에게 박힌 종으로서의 인식, 이 부분을 걷어버리고 싶었어요.

그런 기획을 가지고 내려오시게 된 데에는 어떤 계기가 있으신가요? 시리우스인의 입장에서 지구인의 삶을 바꾸고 싶으시려면 그만한 계기가 있어야 할 텐데요.

🎙 탐사를 위해 내려갔던 지구에서의 삶 때문입니다.

생텍쥐페리로 태어나시기 이전, 두 번의 전생 말씀이신가요?

🎙 네. 첫 번째는 중세 시대의 기사를 따르던 종이었습니다. 프랑스에서 평민으로 태어나 삶을 살아가다 방랑을 시작했죠. 그러다 우연히 성배 찾기를 하던 기사를 만나게 되었어요. 주점에서 신나게 성배를 찾겠다고 떠들고 있더군

요. 먹을 것도 없는 동네에서 그런 뜬구름 잡는 소리한다고 시비가 붙었다가 서로에게 흥미가 가기 시작했었죠. 그래서 옆에서 기사를 지원하는 역할로 유럽을 함께 여행했습니다.

기사가 아니라 기사의 하인이셨군요?

밥은 어쨌든 해결되었으니까요. 세계를 여행하는 데에 크게 나쁘지는 않았습니다. 그 생에서의 삶을 통해서 오로지 위만 바라보고 사는 삶이 지구인들의 인생을 지배한다는 것을 많이 느끼게 되었습니다. 인간은 끊임없이 누군가의 지시를 받고 싶어 하더군요. 종교가 있으면 신의 지시를, 종교가 없으면 부모의 지시를, 가족을 떠나면 상사의 지시를, 지시를 받지 않으면 살 수 없는 그런 의존적인 인간들의 모습이 안타까웠습니다. 탐사 임무를 마치고 시리우스로 다시 복귀했을 때 지구가 가진 중요성을 알지만 그런 의존적인 삶이 너무나 딱해 보였습니다. 우주의 어떤 별도 그렇게 삶을 살아가지는 않아요.

물론 차원 높은 별들의 이야기지만 이렇게나 종속적인 인간들에게 주체적인 삶을 그들이 기획하고 간 그들의 삶을 살기를 전해주고 싶었습니다. '당신이 지금 있는 곳은 출발점일 뿐이야! 벗어나서 한 걸음씩 걸으라구! 왜 지구에 갔는지 찾으란 말이야!' 이런 말을 하고 싶었습니다.

깨어남이군요.

🎤 저는 다시 여행을 다녔고 시리우스 주변 성계星界를 여행하면서 더 많은 별을 만나고 그들과 문물을 교류하게 되었지만 지구에서의 삶이 머리에서 떠나지를 않았습니다. 그래서 책을 기획했습니다. 누구나 이 책을 보면 세상을 다시 바라볼 수 있도록 하겠다. 태어난 자리를 떠날 수 있도록 하겠다. 그리고 나름 성공했고요.

『어린왕자』는 책을 시리우스에서 미리 기획을 해오신 거군요? 놀랍습니다. 어떻게 책 한 권을 들고 내려오실 수 있는 건가요? 내려오는 동안 기억이 삭제되었을 텐데요?

🎤 핵심 메시지 하나만 들고 내려가면 되는 거죠. 절대 변하지 않는 알맹이가 하나 있으면 그것으로 족합니다. 그 씨앗이 시대의 변화에 맞게 발아해서 꽃이 피는 것은 시대

의 에너지를 탈 수밖에 없습니다. '당신들은 모두 별에서 왔어. 그리고 지구에서 무언가를 찾아서 돌아가야 해. 그걸 꼭 찾아내!' 이 생각을 가지고 내려오면 그것으로 충분합니다.

레오나르도 디카프리오가 출연한 〈인셉션〉이란 영화가 생각나는군요. 그 영화의 주제도 단순한 작은 생각을 심는 것으로 인생을 바꿀 수 있다는 이야기였는데요.

🎙 비슷하다고 할 수 있습니다. 원리는 그렇습니다. 시리우스의 혈통은 우주에서의 파장을 받는 유전자가 몸속에 있습니다. 부모님을 통해 미리 그런 환경을 준비시켰죠.

어떤 식으로 준비를 시키셨나요?

🎙 역시 생각을 전하는 것으로 진행했습니다. 물론 모든 부분에 개입할 수 있는 것은 아니지만 제가 집을 떠날 수밖에 없는, 여행을 많이 할 수밖에 없는 그런 환경을 찾았습니다. 먼저 시리우스의 관리관에게 가서 저와 가장 유사한 파장을 발산하는 사람을 찾았어요. 선하면서도 나

를 떠날 수밖에 없도록 지치게 하는 그런 어머니가 필요했죠.

생텍쥐페리님이 지구에서 쓰신 많은 편지 중에 어머니에게 쓰신 편지만으로도 책이 한 권 나왔더군요.

🎙 떠나온 것에 대한 그리움. 그것이 제가 가지고 간 생각 중의 하나입니다. 떠나온 별에 대한 그리움, 떠나온 내 본성에 대한 그리움, 그것이 모든 인간관계에 적용이 되더군요. 떠나온 어머니에 대한 그리움, 떠나온 아내에 대한 그리움, 떠나온 조국에 대한 그리움. 하지만 떠날 수밖에 없는 내 자신.

그 생각이 지구에서의 삶을 방랑자로 이끌게 된 것인가요?

🎙 그렇습니다. 너무 많은 생각을 하지 않도록 핵심적인 생각에 제가 가진 모든 에너지를 집중해 두었습니다. 그러다 보니 인생 전반에 영향을 끼치게 되더군요.

그러면 그 생각을 가지고 시리우스 관리관에게 제출한 것인가요? 관리관은 적합한 가족을 찾아준 것이구요?

🎤 네. 지구에는 많은 우주인들이 있기 때문에 그중에서 시리우스 출신을 찾아서 연결해 주었습니다. 동사무소 같은 일을 해주신다고 보면 됩니다. 제가 내려갈 대상이 속한 가문을 찾아갔습니다. 시리우스에서는 나름 입지가 있는 가문이었습니다. 저의 지구행行을 위해 많은 준비를 해주었죠.

생텍쥐페리님이 속한 가문은 없었나요?

🎤 가문은 회사와도 같습니다. 당시의 제가 원하는 것을 추구하는 가문이 제가 속하는 가문입니다. 이전에는 우주를 탐사하고 시리우스를 전하는 일을 담당하는 가문에 있었습니다. 그리고 지구행行을 위해 찾아간 가문은 지구에서의 작업에 특화된 가문이었습니다.

원래 속한 가문을 나오는 데에는 어려움은 없나요?

🎤 특별한 어려움은 없습니다. 시리우스에서 '나'는 독립적

인 개체입니다. 일이 중심이고 그 일을 위해서는 소속에 대한 미련을 갖지 않습니다. 제가 지구에서의 활동을 준비하는 동안에는 에르케고스 가문에 속해 있지만 다른 일을 할 때에는 다른 가문 출신으로 일을 합니다. 지구의 가족과는 그 점이 다릅니다.

에르케고스 가문은 어떤 준비를 해주셨나요?

제 기획안을 받고 그것이 진행되기 위한 모든 준비를 했습니다. 그렇다고 작가 수업을 받을 돈을 미리 내려 보낸다거나 하지는 않습니다. 저를 잉태할 어머니를 지정하고 그 주변의 기운을 정리해 줍니다. 함께 일할 만한 사람들을 사전에 배치해서 만날 수 있는 식별코드를 서로에게 부여해 줍니다. 물론 에너지의 형태로 주어지죠. 처음 만났는데도 왠지 오랫동안 알고 지낸 것 같은 느낌. 그 느낌이 바로 식별코드입니다. 그렇다고 모든 만남이 사랑으로 이어지는 건 아니니 그 점 유의하시기를 바랍니다.

하하하. 알겠습니다. 그러면 에르케고스 가문의 협조로 생텍쥐페리의 삶을 설정하게 되셨군요?

🎤 시간이 꽤 걸리는 작업이었습니다. 2차 대전 시나리오가 준비 중이었기 때문에 그 안에서 저의 역할을 정하고 세계대전 시나리오에 지장이 없도록 전체적인 방향을 조절했습니다. 모든 준비를 마친 후, 차원의 문 앞에 섰습니다. 포탈을 통과하는 저에게 가문의 사람들은 프로젝트의 성공을 위해서 파티를 열어주었습니다. 다가와 한 명씩 제 이마에 자신의 표식을 찍어주었죠. 그들의 생각을 전해 받을 수 있도록 하기 위한 장치입니다. 물론 이 중에서 몇 개가 차원 막을 통과할지는 알 수 없지만 그들과의 파장을 교류할 수 있는 장치를 선물로 전해 받고 원을 그리며 손을 잡고 에너지를 동조시켰습니다.

(20여 명의 사람들이 원을 그리고 튜닝을 진행. 푸른색의 빛이 원을 따라 움직이며 원을 구성하는 사람들이 모두 푸른빛에 물든다. 바깥쪽에는 이를 구경하는 사람들이 앉아서 조용히 그들을 바라본다.)

저는 그렇게 시리우스를 떠나 지구에 들어왔습니다.

 ── 지구에서의 삶과 사명 ──

생텍쥐페리님. 한 권의 책을 펴내기 위해 지구로 내려왔다는 그 말씀은 『어린왕자』가 당신의 3번째 지구 인생의 사명이라고 해석하면 될까요?

그 책이 반드시 『어린왕자』일 필요는 없습니다. 내가 원하고자 하는 바를 가장 잘 알릴 수 있는 책이면 되었죠. 저는 작가로서 많은 시도를 했고 그래서 결국 『어린왕자』와 『성채』 두 권의 책으로 내가 하고 싶었던 이야기를 남기고 왔습니다.

알겠습니다. 『어린왕자』를 보면 어린왕자가 자신의 별을 떠나 지구로 오기까지의 여정이 그려지는데요. 생텍쥐페리님이 시리우스를 떠나 지구에 도착하기까지 그런 유사한 여정이 있었나요?

🎙️ 그렇지는 않습니다. 처음에 설명한 차원 막을 통과해서 들어오기 때문에 다른 별을 들러서 간다거나 하지는 않습니다. 그 사람들은 별만큼이나 중요한 사람들이죠. 하나의 별은 한 명의 사람을 말합니다. 우주에 있는 별만큼 많은 사람들이 지구상에 있지 않습니까. 그 사람들을 만난 기억을 살려서 어린왕자에 등장을 시켰습니다. 아마 공감 가는 부분이 많지 않나요? 책을 보면서 '아! 이 사람은 내가 아는 누구랑 닮았어' 이렇게 생각했던 적이 있겠죠. 보편적인 인물을 특징을 극대화해서 내세웠기 때문입니다.

비행기 한 대로 세계를 누비는 삶을 전개하셨지요?

🎙️ 그렇습니다. 한번 집을 떠난 내게는 마치 기다렸다는 듯이 가야할 길이 열렸습니다. 가정을 벗어나야 했고, 프랑스를 벗어나야 했습니다. 그래야만 종속적인 삶에서 벗어나 주체적인 삶을 기획하고 원래의 나를 발견하는 일

이 가능합니다.

생텍쥐페리님은 어려서부터 비행기를 몰기 시작하셨다죠?

🎙️ 하늘을 만나고 싶은 욕구가 항상 자리하고 있었으니까요. 당시에는 비행기를 조종한다는 것이 너무나 멋진 일이었습니다. 인간이 하늘을 난다는 것. 그것만큼 당시에 센세이션한 일은 없었습니다. 지금으로 치면 적어도 한국의 연예인 정도 되는 인기가 있었죠. 비행기 조정사는 체력적으로도, 인격적으로도 심지어 외모적으로도 우월한 사람으로 여겨지기도 했습니다. 특히 한 대륙 안에서가 아니라 바다를 건너는 비행은 목숨을 건 도전이기도 했으며 이것을 업으로 살아간다는 것은 사람들에게 야성미와 마초적인 모습, 그리고 신비로운 매력을 더해줬죠. 태욱님이 그렇게 묻고 싶어 하시던 비밀은 거기서 비롯됩니다.

하하하, 제가 궁금해 하는 질문을 알고 있었군요.

🎙️ 네. 다만 천천히 대답해 드리고 싶었을 뿐입니다.

집을 떠나 전 세계를 여행하던 에어로포스탈 근무시절 시절 어머니에게 보낸 편지의 한 구절입니다. "콜레트, 폴레트, 쉬지, 데이지, 가비라는 이름의 여자들이 줄줄이 다가오지만 두 시간만 지나면 싫증이 나요. 그 여자들은 대기실이나 마찬가지예요" 이 질문에 대답을 잘 하셔야 될 것 같습니다. 이 글을 보시는 온 우주의 여성들을 안티로 돌릴 수 있는 질문인데요. 어떠신가요?

그 정도야 어려운 질문은 아니군요. 허전하기 때문에 만나는 것입니다. 당시의 상황을 따져보면 수없이 찾아오는 여자들 때문에 그냥 여자들에게 질려 있는 때였습니다. 하지만 나에게는 안정감이 필요했어요. 무엇보다도 누구보다도 어머니의 품이 그리웠고 그 품을 여러 여자들에게서 찾았죠. 하지만 그녀들은 안정감을 주지 못했어요. 다만 그들이 원한 대로 파티의 여흥에 지나지 않았으니까요.

님과의 첫 만남에 대해 콘수엘로님★이 상세히 기록해 두셨더군요. 정말 보다가 손발이 오그라들었습니다. 하하하. 첫 만남에서 생텍쥐페리님은

★ 생텍쥐페리의 아내

콘수엘로님과 함께 비행을 했습니다. 멀미를 할 수 있다며 약을 입에 넣어주시고는 손을 잡고 "이 손을 영원히 갖고 싶군요" 라며 청혼을 했구요. 생텍쥐페리님 그렇게 안 봤는데 '선수'시군요.

🎤 어떤 사람보다 사랑한 아내입니다. 평생을 콘수엘로에게서 벗어나지 못했죠. 함께 있으면 떨어지고 싶고 떨어져 있으면 보고 싶고. 부부관계라는 것이 원래 그렇겠지만 저는 좀 심한 편이었습니다. 알려진 연인만도 여러 명 되지만 가장 사랑한 것은 역시 아내였습니다. 충실하지는 않았어요. 하지만 집을 떠난 후로는 그리워하는 대상은 아내가 되었고 그렇게 제 인생의 무게 중심을 잡았습니다.
비행을 하는 사람들에게는 돌아갈 곳이 있어야 합니다. 자유롭게 하늘을 날지만 연료가 떨어질 때에는 돌아가야 하죠. 콘수엘로는 제게 그런 존재였습니다. 물론 돌아가면 바로 하늘을 그리워하며 떠나기 바빴지만요.

넬리 드 보귀에라는 여성 사업가와 사귀었고 이 분이 금전적으로 어려웠던 생텍쥐페리님을 평생에 걸쳐 지원했던 것으로 알려져 있습니다. 콘수엘로님은 이 일로 많이 괴로워했구요.

🎙 필요한 일이었습니다. 넬리는 나의 일생을 이해하는 사람이었습니다. 내가 왜 그렇게 행동하는지 그리고 내가 살아가는 인생에서 무엇이 부족해질지 잘 알고 있었습니다. 육체적인 관계로 맺어지는 사랑은 아니었습니다. 평생을 서로를 신뢰하고 서로의 활동을 지지하며 살았죠. 사업의 파트너와 같은 그런 사람이었습니다. 넬리는 나에게 비행기와 같은 존재였고, 콘수엘로는 돌아가야 할 대지와 같은 사람이었습니다.

그렇군요. 그나저나 첫 만남에 하늘로 데리고 가서 청혼을 하는 그런 기술은 어디서 나온 건가요?

🎙 끈질기시군요. 제 작업의 기술이 알고 싶으신 거죠? 알 듯 모를 듯. 그런 신비감을 가지고 접근해서 길들이면 됩니다. 인간은 모두가 다릅니다. 각자는 변하지 않습니다. 그렇다면 자신과 타인의 개성을 유지한 상태에서 호감을 갖고 자신을 좋아할 수밖에 없도록 해야겠죠. 길들인다는 건 그런 겁니다. 어쩔 수 없이 끌려가는 것. 무언가가 딱히 좋아서도 너무나 간절히 필요해서도 아닙니다. 익숙해져서 없으면 허전하게 되는 거죠.

그 상태를 만들려면 눈앞에 많이 보이는 것이 첫째, 보이면서 유혹할 만한 무언가를 계속 보여주는 것이 두 번째입니다. 노출, 주의 환기 그리고 대시. 이 세 가지를 적절히 사용하면 불가능은 없습니다. 더욱 중요한 것은 포기할 사람은 빨리 포기하라는 겁니다. 안 되는 여성을 붙잡고 공을 들일 시간에 다른 여자를 만나면 됩니다. 단순하죠? 하지만 단순한 것이 진리입니다. 이상 생텍쥐페리가 전하는 작업의 기술입니다. 너무나 간단해서 기술이랄 것도 없군요.

 # 마지막 비행

그런데 마지막 비행은 어떻게 되었던 건가요? P-38 라이트닝을 몰고 마지막 비행을 나가서는 돌아오지 않으셨죠. 그에 대해 격추되었다는 설과 어딘가에 살아있을 거라는 설이 한때 분분했었습니다.

🎤 제 마지막 비행을 이해하시려면 저의 참전에 대해서 이해하셔야 합니다.

40세 이후의 마지막 참전 말씀이신가요?

🎤 그렇습니다. 저만을 위한 성전이었습니다. 제 자신이 일생

을 걸고 지켜온 순수함이라는 성지를 지키기 위한 성전.

생텍쥐페리님은 2차 대전 당시에 미국으로 피신해 독일에 항거하는 글을 많이 남기시기도 했었군요. 그러나 드골 정부가 들어서자 파리에 머무르지 않고 미국에서 망명자와 다름없는 생활을 하셨죠.

🎤 드골은 노골적으로 나를 싫어했어요. 자신의 힘으로 프랑스를 해방시키겠다는 것에 대해 제가 미국의 참전이 더 중요하다는 의견을 내놓자 이에 계속 반발하며 저를 몰아세웠죠. 미국에서의 생활이 풍요롭고 인기도 많긴 했지만 마음속은 지옥과도 같았습니다. 제게 중요한 것은 제가 얼마나 조국을 사랑하는가, 내가 얼마나 순수한 사람인가를 알리고 싶은 것이었는데 드골 정부로 인해 그런 순수성이 침해받자 참을 수가 없었고 너무나 괴로웠죠. 마지막 비행을 결심한 것은 이 즈음이었습니다.

'마지막 비행을 결심했다…' 자살을 결심했다는 것 같은 말씀이시군요.

🎤 나는 너무나 노쇠했습니다. 몸은 사십의 나이에도 잦은 비행기 사고로 아팠고 한 번의 출격이 끝나면 이대로 잠

들어 다시 깨지 않을 것 같은 기분이었습니다. 몸의 고통과 함께 마음의 고통은 더 했죠. 40이 넘은 노병은 젊은 그들과 함께 어울리기는 하지만 그들에게 짐이 된다는 생각을 하지 않을 수 없었습니다.

그러나 나는 나의 순수성을 하늘에서 증명해야 했습니다. '나는 조국 프랑스를 배신하지 않았다! 나는 신념에 반하는 일을 하지 않는다!' 이런 말을 하늘에서 공군 조종사로서 말하고 싶었습니다. 당시 프랑스가 내게 바라는 단 하나의 능력인 전시 조종사의 능력을 조국에 바쳤습니다.

작가로서의 능력이 있지 않으십니까. 미국에서도 프랑스에 대한 글과 여러 작품을 발표하셨던 것으로 알고 있습니다만.

프랑스의 드골 정부는 내게 출판 금지라는 오명을 덮어 씌웠습니다. 그 사실을 참기에는 나는 너무나 순수했어요. 결백을 증명하기 위해 자살하는 것은 나에게 용납되지 않았습니다. 그것은 내 스스로를 부정하는 일이 되니까요. 자살이 아닌 자살. 『어린왕자』의 마지막 장면을 기억하시나요. 나는 모든 것을 맡길 수 있는 죽음으로 달려갔습니다. 어린왕자가 뱀을 찾아가듯. 나는 나의 순수를 지키기 위해 마지막 비행에 나섰습니다. 돌아올 생각 같은 것은 없었습니다. 돌아가야 할 시간이 되었을 때 저는 비행을 계속했습니다. 귀로가 아닌 더 깊은 곳으로. 마지막으로 나의 어렸을 적 고향을 돌아보고 당시의 하늘을 다시 날았습니다. 그리고….

그리고?

 그 이상은 이야기하지 않는 것이 좋겠군요.

네?

 더 많은 이야기를 남기기보단 정답을 주지 않는 쪽이 좋겠군요. 아직 내가 하늘로 사라졌다고 생각하는 사람들에게는 그런 믿음이 그들을 인도할 것이기 때문입니다. 죽음은 차원 이동의 한 형태일 뿐입니다. 독일군의 총격에 격추가 되었거나, 연료가 떨어져 추락했거나 하는 것은 그리 중요한 문제는 아니죠. 말씀드릴 수 있는 것은 여기까지입니다. 나는 하늘에서 나의 삶을 마감하기를 바

랐고 그 소원을 이루었습니다. 어린왕자가 별로 돌아갔을까 아닐까에 따라서 수많은 하늘의 별은 웃음을 띨 수도, 공허한 주인 없는 별일 수도 있습니다. 모든 것은 우리의 대화를 보는 분들의 믿음에 맡기겠습니다.

아쉽군요. 하지만 맞는 말씀이시네요. 생텍쥐페리님의 의사를 존중하겠습니다. 다른 질문을 드리겠습니다. 그렇게 돌아가고 싶어 했던 하늘은 당신에게 어떤 존재였나요?

🎙 하늘은 저의 모든 것이자 자유였습니다. 하늘에 올라가 있으면 그곳이 내가 있어야 할 곳으로 생각되었죠.

어릴 때 돌아가신 아버지를 그리워하셨군요.

🎙 그것은 아닙니다. 보다 더 깊은 곳에 있는 아버지를 알고 느끼고 싶었습니다. 그 손길이 이끄는 곳에 가고 싶었어요. 하늘을 날며 바라보는 풍경, 그리고 귀를 스치는 바람 속에서 알 수 있었습니다. 계속 날아야 한다는 것을요. 물론 그것도 제가 기획하고 내려간 부분입니다.

어떤 의도로 기획하신건가요?

🎤 조종사라는 직업 자체가 멋있는 일이었습니다. 당시에는 그런 조종사가 가진 특수성을 이용하면 제가 쓴 글을 널리 알리는 데 도움이 될 것으로 생각했습니다. 최초의 항공소설을 쓰고 그 유명세를 타고 『어린왕자』를 출판한다는 계획이었죠. 글을 연마할 시간과 마지막 책을 세상에 무사히 안착시킬 유명세가 필요했습니다. 비행이라는 소재로 글을 쓴 것은 주효했고 많은 사람들이 나의 이야기를 들어주었습니다.

그렇군요. 실질적인 유작은 『성채』로 알고 있습니다만.

🎤 미완성인 책이기도 하거니와 『어린왕자』를 통해 내가 전해야 할 바를 전했습니다. 어려운 글보다는 보다 쉬운 글이, 그리고 더 많은 생각을 해서 스스로가 그 빈 칸을 채울 수 있는 글이 더 유용합니다. 『어린왕자』를 보면서 어린이들은 나의 별은 어디일까, 나의 장미는 누구일까를 생각하게 되었고 어른들은 떠나간다는 것에 대해 다시 한 번 생각해보게 되었습니다. 죽음이라는 것이 반드시 천국

과 지옥으로 가는 것이 아닌 우주의 어느 한 별로 돌아가는 것이 될 수도 있다는 종교를 넘어선 발상을 갖게 되었고 제 역할은 거기까지였습니다. 만족스러운 한 생이었습니다.

 ## 『어린왕자』가 탄생되기까지

이번에는 책 이야기로 넘어가시죠.

 물론 『어린왕자』에 대한 이야기이겠죠?

네. 그렇습니다. 많은 베스트셀러를 만드셨는데 그중에서도 『어린왕자』가 가장 많이 팔린 책이군요.

 뉴욕에서 그 글을 쓸 때 직감했어요. 내가 글을 이렇게도 쓸 수 있구나 하고. 잘 팔릴 거라는 걸 알았죠. 짧지만 정말 나는 듯이 글을 썼습니다. 평생 동안 간직했던 이야기이기도 하고 제 인생의 모든 경험이 그 책 안에 녹아있어요. 사막에서 표류하던 이야기, 콘수엘로와의 사랑이야기, 넬리 보퀴에와의 사랑도 그리고 그리운 어머니에 대한 이야기도 모두 그곳에 있지요. 항상 마음속에 품고 다니던 어린 녀석을 끄집어내고 알았죠. '아, 이 글을 써야 하는구나!'라고. 마치 사명처럼 느껴졌어요.

뭔가 영감을 받은 순간이라도 있으셨나요?

필생의 역작이라 하기에는 글이 너무 가벼워서 그렇게 표현하기는 그렇죠. 하지만 그 안에 제 인생을 누가 보아도 알 수 있게 담았습니다. 어린왕자의 인생이 바로 제 인생이고 제가 원하는 삶이었어요. 저는 그렇게 삶을 마감했고 남은 사람들이 글 속의 나처럼 나를 그리워해주기를 바랬어요. 성공이었죠. 이 책을 읽고서는 다들 밤하늘의 별을 쳐다보며 저 별에는 누가 살고 있을까, 나도 죽으면 별로 돌아가는가 하는 생각을 가진 적이 있을 겁니다. 작은 생각이지만 그 작은 생각이 인생을 결정하죠. 돌아갈 곳이 있는 사람과 돌아갈 곳이 없는 사람은 너무나 다른 인생을 살게 됩니다. 나는 사람들에게 돌아가야 할 별을 만들어줬습니다.

시리우스에서 차원 막을 통과하면서 가지고 오신 생각인가요?

🎤 그렇습니다. 인생의 경험을 통해 글이 더 풍부해지고 인간들에 대한 이야기가 더 많이 들어가긴 했지만 전하고자 하는 메시지는 지구가 모든 것이 아니라는 것이었어요. 밤하늘을 자주 올려다보는 버릇을 가진 사람들은 고향별에서 오는 파장을 받을 확률이 커집니다. 별을 계속 보세요. 생각이 필요하면, 그리고 소원을 빌고 싶으면 별을 보고 생각을 전하세요. 그러면 누군가 도와주러 나타날 거예요. 물론 당신이 생각하는 바로 그 도움은 아니겠지만 없는 것보다는 나을 겁니다.

어떤 도움인가요?

🎤 사람을 보내는 거죠. 결국 모든 일은 자신이 끝내야 합니다. 하지만 자신이 보지 못하는 것을 보고 자신이 하지 못하는 걸 채워줄 사람은 올 수 있어요. 그런 부족한 부분을 채워줄 사람이 파장을 받고 오게 됩니다. 그 정도도 충

분한 도움이지요.

가지고 가신 목적을 달성하셨는지요? 어떤 책에는 생텍쥐페리님의 사명에 대해 사람들 사이로 들어가서 '사람들 무리와 관계를 맺는 것', '위험을 무릅쓰고 넓은 아량을 보이는 것', '봉사하는 것'이라고 설명하고 있습니다.

🎙 저는 저의 체험을 글로 쓰고 많은 사람들에게 제가 느낀 감정, 그 격렬함과 그 속에서 지켜야 할 순수와 정의, 봉사에 대해 말하고 싶었습니다. 하지만 시대를 지나면서 그 정의라는 것, 봉사라는 것이 무의미해졌어요. 전쟁으로 변하는 가치관, 정부가 들어서면서 바뀌는 정의, 사랑 같은 절대적인 것들. 그 모든 것들에 대해 회의가 들었어요. 하지만 가야 할 길은 알고 있었죠.

하늘에 있는 동안 내가 들은 음성, 내 머릿속을 휘저어가는 내 자신의 목소리는 더 많은 사람들에게 '진정 중요한 것이 무엇인지를 찾아!'라고 말하고 있었어요. 그게 내 사명이에요. 그 복잡한 지구에 왜 갔는지를 알아차리라는 것. 그것이 진정으로 전하고 싶었던 이야기에요. 모든 사람에게 정의는 동일하지 않아요. 사랑도 역시. 하지만 그 모든 관계를 통해서 배우게 되는 것이 있죠. 저 사람은 나와 다르다는 것. 그리고 그것을 수용할 줄 알아야 사랑이 시작된다는 것. 이 정도는 가슴에 품고 살아야 합니다. 무엇이 중요한 일일까요? 일을 마치고 집에 들어올 때마다 일을 벗어나고 싶어 하며 쓰러지곤 한다면, 별을 보고 물어보세요. 분명히 파장으로 가르쳐줄 겁니다. 당신에게 심어놓은 수신 장치로 당신의 고향별에서 보내 온 메시지를 수신할 수 있을 겁니다.

고향별에서는 다른 도움은 없었나요?

있었죠. 아까 말씀드렸듯이 사람을 보냈습니다. 레옹 베르트★, 넬리 보귀에, 콘수엘로. 이 세 사람은 시리우스에서 미리 저를 위해 배치한 분들이기도 하죠. 특히 레옹 베르트는 저뿐만 아니라 많은 시리우스 출신 문인들의 가이드 역할을 했습니다. 지구는 각 별에서 온 문화와 사상들이 전투를 벌이는 곳입니다. 그 속에서 레옹 베르트는 저

★ 생텍쥐페리와 10여 년간 우정을 나눈 프랑스 작가.

에게 가야 할 길을 알려주고, 아무런 이야기가 나오지 않을 때 옆에서 자극을 주는 훌륭한 조력자였죠.

『어린왕자』의 서문에 레옹 베르트가 등장하는 군요.

그 책에는 콘수엘로의 모습이 어린왕자로 등장하고 넬리의 캐릭터 등 내 주변의 많은 사람들이 등장하지만 그 책만큼은 레옹 베르트에게 주고 싶었어요.

어린왕자의 캐릭터는 아내이신 콘수엘로님이셨군요?

가장 기억에 남는 얼굴이니까요. 나를 위해 살아 온 사람이에요. 넬리 보귀에는 조력자로서 시리우스에서 협약을 체결하고 내려온 사이입니다. 넬리는 개척적인 삶을 살고 싶어 했어요. 지구에서 없는 것을 창조하는 그런 기운을 보충해서 돌아오고 싶었죠. 그래서 같은 시대에 태어나 서로 조력할 계획을 잡았어요.
에르케고스 가문의 일원으로 저와 스케줄을 맞추고 내려와 저를 많이 도와주고 갔어요. 넬리가 금전적, 사회적인 도움이었다면 콘수엘로는 돌아가야 할 이유를 제공해 주였죠. 모든 것이 다 맞는 사람은 아니었지만 저를 위해 안정적인 기반을 마련해주는 정서적인 역할을 해줬어요. 마찬가지로 함께 만나기로 계획한 사람이구요.

내려오시면서 두 명의 여성분들과 만날 스케줄을 짜고 오셨다는 건데 그런 시나리오를 짠다고 해도 그대로 잘 진행이 되나요?

운명의 신은 철저하지요. 될 일은 어떻게든 되도록 만날 사람은 꼭 만나게 해주죠. 물론 그 기회를 어떤 식의 결과로 가져가는가는 또 다른 문제입니다만.

형체가 있는 분은 아닙니다. 다양한 차원의 문을 엮어서 필요할 때 필요한 역할을 하도록 에너지의 흐름을 조절하죠. 거미줄처럼 얽힌 관계의 끈을 하나씩 살펴가면서 시간을 새로이 씨줄과 날줄 엮듯이 엮어서 만남을 만들어내죠. 만나기만 하면 타고난 에너지의 파장으로 그 관계는 진행이 됩니다.

대략 좋은 관계로 갈 것인지 무의미한 관계로 갈 것인지 그런 부분들이죠. 내가 만난 사람이 빈 에너지가 있으면 그쪽으로 내가 넘치는 에너지가 빨려가게 됩니다. 물론 빨려간다고 표현하긴 했지만 그래서 내 에너지가 부족해

지거나 하지는 않아요. 간 만큼 다시 돌아오는 것이 있으니까요. 그 돌아오는 에너지가 적절하면 좋은 관계로, 원치 않는 에너지가 와서 내 기운에 불균형을 초래한다면 나쁜 관계로 발전하는 식입니다.

궁합 같은 거군요.

그렇죠. 동서양의 궁합은 그런 에너지의 작용을 읽어내는 기술 같은 것입니다. 물론 많은 변수를 갖고 있기 때문에 항상 맞는다는 법은 없죠.

시리우스로의 복귀

삶을 정리한 입장에서 본다면 그런 만남들이 많은 도움이 되셨나요?

🎤 물론입니다. 후회를 남기지 않는 한 편의 영화를 찍고 온 기분이에요. 시리우스에서는 결코 겪을 수 없는 진한 감정과 내 마음대로 돌아가지 않는 세상에 부딪혀보는 재미는 3차원이 아니고서는 겪기 힘든, 특히 지구에서만 가능한 일입니다. 그런 인생을 살아가기에 제 모든 만남들은 한 걸음씩 앞으로 나아가도록 하는 역할을 했어요. 사람을 만나 다음 만날 사람을 찾아내는, 사람을 딛고 걸어온 한 생이었습니다.

복귀는 순조로우셨습니까? 들어오는 만큼 나가는 것도 쉽지는 않다고 하셨는데요.

🎙 그렇습니다. 차원 막을 통과하는 것은 그리 쉬운 일은 아니에요. 생텍쥐페리의 삶을 살면서 많은 에너지가 쌓였고 그것을 털어내지 않고 차원을 넘어가기는 쉽지가 않았죠. 시리우스의 본국에서 도움을 주지 않았다면 다시 한 번 삶을 살아야 했을지도 몰라요.

인기작가와 여러 여인들, 부와 명성, 사랑 등 모든 것을 누리신 분인데 후회라도 남으셨던 건가요?

🎙 그건 아니지만 그만큼 고착화된 에너지가 발생하죠. 많은 사람들이 저를 원했기 때문에 끌어당기는 힘이 존재했습니다. 하지만 제 책이 많은 사람들에게 좋은 생각을 불러일으켰기 때문에 거기서 나오는 긍정적인 에너지가 더 컸어요. 그 에너지를 바탕으로 차원 막을 통과할 수 있었죠. 끝없이 쏟아지는 후회와 반성의 고통. 차원 막을 통과할 때는 그런 일들이 발생하죠. 그만 되돌아가서 그 일을 마무리하고 싶다는 결심이 생길 정도로요. 만약 그때 그

런 결심을 하게 된다면 지구에서의 삶을 다시 살게 됩니다. 그러니 더 넓은 세상, 우주, 새로운 차원을 생각하는 쪽이 차원 막을 통과하기에 편하게 되죠.
통과한 후에는 대기하고 있던 에르케고스 가문의 우주선을 타고 시리우스로 복귀했습니다. 차원을 넘어 5차원으로 돌아가 상당한 시간 동안을 인큐베이팅 시스템 같은 곳에 있었습니다. 3차원의 에너지를 말끔히 털어내고 5차원의 인류로 살 수 있는 준비를 해야 하거든요.

(공항 같은 공간, 많은 우주인들이 캡슐 속에 들어가 있다. 마중 나온 사람들은 캡슐을 보면서 돌아온 사람들이 깨어나기를 기다린다.)

환호성과 함께 일어났어요. 많은 사람들이 모여서 저의 귀환을 축하해줬고 가문의 수장인 여성분이 직접 나와 저의 귀환을 반겼습니다. 제가 이루어낸 일은 시리우스에서는 그리 흔치 않은 분야였어요. 물질이 아닌 정신적인 차원에서 사람들의 에너지를 끌어내고 시리우스의 정신을 전파할 수 있는 교두보를 확보하는 역할을 제가 해내고 온 것이죠.

한류를 일으킨 슈퍼주니어나 소녀시대 같은 인기를 시리우스에서 누리셨겠군요?

🎤 처음엔 환대가 있었지만 일상으로 금세 복귀를 했어요. 저는 다른 별로 여행하는 것을 좋아합니다. 다시 여행을 떠났어요. 이번에는 알리기 위해서요. 지구에서의 삶과 그 엄청난 경험을 시리우스 성계에 퍼트리기 시작했죠.

베스트셀러 작가의 저자 강연회 같은 느낌이군요. 지구에서도 그런 삶을 사시고 복귀해서도 그런 삶을 사시다니요.

🎤 제 운명이니까요. 여행은 제 사명과도 같은 겁니다. 그렇게 새로운 정보와 문화를 전달하는 것이 저의 창조 목적이라고 알고 있습니다.

창조 목적이요?

🎤 그렇습니다. 차원이 높은 별에서는 태어나는 순간 그 아이의 창조 목적을 알지요. 5차원이라고 해도 하나의 삶일 뿐입니다. 다른 차원에서의 삶을 또 살아가야 하니까요.

학교 같은 곳에서 알려주는 건가요?

🎙 아닙니다. 부모들은 자연적으로 그걸 읽을 수 있는 능력이 있죠. 부모에게 오기까지의 과정과 앞으로 해야 할 일을 잉태기간 동안 알게 되고 태어난 아이가 성인식이 지나면 알려주게 됩니다. 물론 능력이 발달한 아이는 그전에 자신의 창조 목적을 알아채기도 하기 때문에 성인식은 하나의 관례와도 같은 거죠. 되도록 성인식 이전까지 알아내야 훌륭한 성인으로 인정을 받습니다.

알겠습니다. 생텍쥐페리님. 장시간 대화해 주셔서 감사합니다. 아쉽지만 이번 대화는 이걸로 마치도록 하겠습니다. 새로운 사실 많이 알려주셔서 감사해요. 흥미진진했습니다.

🎙 더 깊어져서 만나길 바랍니다. 호흡이 깊어지고 더 낮은 파장대에 도달한다면 저와 더 풍부하고 생생한 대화가 가능할 겁니다. 그때를 기다리겠습니다.

감사합니다. 다음에 또 찾아뵙겠습니다.

얼마든지요. 그럼. 조만간에 뵙겠습니다.

(돌아서서 망토를 펄럭이며 별이 총총한 하늘로 걸어간다. 좌우에 수행원 두 명이 나타나 함께 하늘로 사라진다. 이런, 진짜 왕자이신 건가!)

 # 우리는 모두 어느 별에서 온 우주인이다

 배우를 막연히 꿈꿨을 때 지금의 나와 다른 삶, 다른 모습으로 살고 싶어서였던 것 같습니다. 전혀 다른 사람이 되어 보고도 싶었고 좀 다르게 감정에 초월해서 쿨하게 살고 싶었습니다. 그 당시 모습이 만족스럽지 않아서이기도 했고 배우들처럼 언제나 무대의 주인공으로 당당하게 살고 싶기도 했었지요.

 세계적으로 명성을 떨친 유명인들이 실은 모두 우주의 어느 별에서 온 우주인이며 지구에 오면서 각자 인생의 스케줄을 짜고 왔다고 했습니다. 음악으로 인종과 국경을 하나로 잇는 세상을 꿈꿨으며, 영화로 삶에 대한 희망과 따스한 시선을 주었지요.

이름을 남긴 예술가들, 음악가들, 작가들 혹은 발명가들이 지금까지와 다른 새로운 작품, 아이디어를 세상에 내보인 것은 그들이 더 진화된 별에서 왔기 때문이라고 했습니다. 이 지구상에 새로운 것은 없으며 모두 우주 어디에선가 가져온 것이고 그들은 파장을 통해 지구에 공유하기 위한 사명을 가지고 왔다고 하면서요.

사명을 이루기 위해 철저한 스케줄을 짜고 왔지만 지구라는 무대가 만만치 않은 곳이라고 했습니다. 고통을 겪고 이를 승화시키는 글을 쓰겠다고 계획하고 왔지만 스스로 고통 속에서 헤어나지 못한 것을 후회하기도 했고 자신의 선악과를 극복하지 못해 뛰어난 재능을 미처 발휘하지 못한 것이 안타깝다고 했습니다. 그만큼 다양한 경험은 영적인 진화의 계기를 주기도 하지만 수많은 변수가 존재하는 학교가 바로 지구라고 했습니다.

감히 올려다보기 어려울 정도의 유명인이면서 우주 공간 어느 별에서 살아가는 우주인이지만 결국 지구라는 험난하고도 매력적인 무대에서 용감하게 뛰어들어 정면으로 삶을 껴안은 지구별 선배들이었지요. 인생의 희로애락에서 자신의 사명에 대한 열정과 불굴의 의지, 타고난 재능이 탄생시킨 작품과 업적은 그래서 세세토록 기억되고 후대에 영감을 주고 있는 것이 아닐까요?

우주에서 지상의 삶을 회고하는 그들을 만나면서 인생을 단편적으로 바라보던 시각이 시공간을 넘어서 입체적으로 되었고 누구에게나 있는 고통과 힘겨움도 이제는 한발 물러서서 바라볼 줄 아는 작은 여유도 배우게 되었습니다. 다른 모습이길 원했던 나의 모습과 삶도 다시금 사랑스러운 눈으로 보게 되었지요. 사랑과 열정, 그리고 희망을 이야기하던 그들과의 대화로 두렵기만 했던 인생의 무대로 성큼 도전해볼 용기가 생겼습니다.

기억은 나지 않지만 나 또한 지금의 나 자신을, 그리고 만족스럽지 않은 상황들을 그들처럼 스스로 선택했을지 모르니까요.

그들의 이야기 속엔 그리움이 있었습니다. 지구에서의 한 생에 대한 기억에 그리움이 묻어났습니다. 인간은 원래 누구나 외로운 존재일 수밖에 없다고 했습니다. 우주 어디에선가 온 인간은 그 별에서 혼자 온 것이 외롭고, 좋은 환경에서 지내다 지구라는 힘든 학교별에 온 것이 서럽고, 그래서 그 별로 다시 돌아가고 싶어 항상 그리움을 안고 살아가는 거라고. 현재 지구에서 살아가는 많은 이들도 자신들처럼 경험을 위해 우주의 어느 별에선가 왔기 때문이라며.

만약 그들의 이야기가 마치 자신의 이야기처럼 느껴진다면,

그들과 같이 열정적이며 창조적이고 인류에 대한 연민이 가득한 삶을 열망하게 되었다면,

앞에 있는 장애물을 용기 내어 극복하고 싶은 마음이 생긴다면,

이제부터 자신을 좀 더 사랑하고픈 마음이 든다면,

그리고 밤하늘의 별이 유난히 그립게 여겨진다면,

기억나진 않겠지만 당신도 어느 별에서 온 우주인이 아닐까요….

숱한 역경의 순간에도 자신의 재능과 열정적인 신념으로 지구별을 빛내준 마이클 잭슨, 찰리 채플린, 코코 샤넬, 마리아 칼라스, 헤밍웨이, 생텍쥐페리.

가슴속에 영원한 별로 남아준 그들에게 다시 한 번 아낌없는 박수를 보냅니다.

막이 내리면

막이 내린다.
하나 둘 조명이 꺼진다.
무대 뒤로 가면 여느 때처럼 숨 죽였던 심장소리가
더 크게 박동 칠 것이다.
행복하고 흐뭇한 미소를 지으며 이렇게 말할 수
있을까?

"클레온! 정말 멋졌어.
네 모습, 너의 역할,
그리고 네가 움직이고 말했던 그 순간순간들이
정말 빛났어!"

배우라면, 인생의 주인공인 그 누구라도
자신의 삶에 이런 찬사를 받게 된다면
이보다 더 신나는 일은 없을 것이다.

떠나갈 듯한 환호성을 나엘움이 그리워했듯이,
태양을 삼킬만한 눈부신 열정을 마리아가 선물했듯이
코코 샤넬의 보무당당하고 명쾌한 발걸음처럼
이제는 나 스스로에게 갈채를 보내고 싶다.

그들처럼 멋진 삶을 기억하기 위해
화려한 조명이 눈부신 무대 정중앙.
오늘도 나만의 무대로 힘차게 오른다.

마이클 잭슨, 찰리 채플린, 코코샤넬…
그들처럼 영원히 빛나는 별이 되기 위해

- 2011. 10. 5 클레온 무대로 오르다

☀ 클레온

마이클 잭슨, 팔리 채플린, 코코 샤넬
interviewed by 클레온

작년까지 알럽 뉴욕을 외치며 맨해튼 구석구석을 활개치던 나름 뉴요커이자 나름 배우. 귀국 후 펄쩍펄쩍 언제 달려들지 모르는 개구리와 씨름하며 사람 팔자 정말 모르는 거를 실감하며 물 맑고 공기 좋은 산골짜기에서 하루하루 자연과 교감하며 살아감. 현재 위기의 지구에 희망이 되고자 희망메신저로 활동 중.

민경주

마리아 칼라스
interviewed by 민경주

의존적인 성향이 강한 나는 스스로 기억하지 못한 어느 순간부터 끊임없이 사랑을 좇으며 행복은 이성간의 사랑의 결실을 통해서 완성될 수 있다고 굳게 믿어왔다. 솔직히 내가 중요하게 여기는 가치가 무엇인지 모르고 보이지 않고 잡히지 않는 스스로 표현할 수 없는 무언가를 끊임없이 찾아 헤매다가 꿈에도 상상할 수조차 없었던 우주인 친구와의 대화를 하면서 우주의 사랑을 배우게 되었다. 자신, 이웃, 세상, 자연, 하늘, 그리고 지구, 우주의 사랑이라는 아름답고 자유로운 사랑. 자신의 일을 열정적으로 하며, 만인에 대한 연민을 가지고 세상을 보듬어 줄 수 있는 그런 사랑을 꿈꾸며 살아가려고 한다.

☀ 브리짓 우드

어니스트 헤밍웨이
interviewed by 브리짓 우드

1976년 남아프리카 공화국 남단 케이프 타운에서 태어났다. 저널리즘과 철학을 전공한 후 영화 산업에서 일하였으나 천성적인 호기심으로 인하여 언제나 삶의 여정에서 삶의 진실을 탐구해 왔다. 세상에서 진정한 답을 찾지 못하여 자신의 내면으로 방향을 전환한 후 우연히 자신의 삶을 바꾸어 놓았던 명상에 대해 알게 되면서 마침내 답을 찾고 점점 깊이 들어가면서 새로운 세계가 열리면서 우주의 다양한 존재들과의 대화가 가능하게 되었다. 최근 우주인들과의 대화를 시작하였으며 현재 자연 및 우주와 더불어 깊은 호흡을 나누며 케이프 타운의 생태 공동체에 살고 있다.

김태욱

앙투안 드 생택쥐베리
interviewed by 김태욱

빨간 알약 먹고 매트릭스에서 벗어난 네오처럼 우주인 친구를 만나 회사원이란 신종 노예 신분을 벗어난 전직 마케터. 무기력한 야근, 애매한 월급, 엄청난 카드청구서라는 악의 싸이클에서 허우적대며 무기력한 일상을 보냈지만 지금은 텀블러를 들고 뒷뜰 비닐하우스로 출근하여 직장동료 대신 쪽파와 대화를 나누는 도시농부가 되었다. 자연과 하늘에 길을 물어 도시에 두고 온 친구들을 구해낼 방법을 찾는 그는 여의도 광장을 논으로 만들 꿈을 꾸며 인간과 자연과 하늘이 공존하는 삶을 꿈꾼다.

⊙ 이 책을 펴낸 곳 명상학교 수선재는

'내 인생은 왜 이런 걸까?'

누구나 살면서 울적하거나 힘든 일이 생기면 이런 생각을 하곤 합니다. 그러다가 상황이 좋아지면 언제 그랬냐는 듯 그런 생각은 다시 마음 한구석에 넣어두고 까맣게 잊고 살게 됩니다. 그러다 다시 인생의 난관에 부딪히면 답이 나오지 않는 이런 신세한탄을 반복하며 살아가는 것이 보통 사람들의 모습입니다. 결국 불치병에 걸리거나 죽음 직전에 이르러서야 무릎을 치며 한평생 알지 못한, 그러나 반드시 알고 죽어야 할 사실이 있었다는 것을 깨닫게 됩니다.

'내 인생의 진정한 의미는 어디에 있는가?'
'가장 인간답게 산다는 것은 어떤 삶인가?'

수선재는 이러한 풀리지 않는 삶의 근원적인 질문을 품고 사는 현대인들이 삶의 참의미를 찾을 수 있는 도심 속 명상학교입니다.

이곳은 어린 시절 자신의 실수로 세상을 떠나게 된 동생에 대한 아픈 기억을 내면의 치유를 통해 극복한 중년남성, 하루도 조용할 날이 없는 사고뭉치들이 모인 남자고등학교에서 담임을 맡고 있지만 그 아이들에게 더 많은 것을 배우고 있다는 젊은 여선생님, 20대에 걸린 난소종양을 극복하고 동물농장을 만들며 자연과 하나 된 삶을 사는 그림 작가, 성공을 위해 10여 년간 서울에서 일에 파묻혀 살다 귀농을 결심한 후 자연 속에서 인생의 참맛을 알게 된 커리어우먼, 12년 동안 한국의 자연과 문화에 푹 빠져 살면서 한국인 못지않게 된장국을 잘 끓이게 된 미국인 등…. 평범한 삶을 살아가는 특별한 사람들이 학생으로 있는 곳입니다.

이들은 명상을 통해 단절되었던 자신의 내면과 이웃, 자연, 우주와의 관계를 회복하여 그들과 하나 됨 속에서 참다운 행복을 되찾아가고 있습니다. 또한 깨닫게 된 진리를 가족과 이웃뿐 아니라 세상에 전하며 자연만물과 인간이 공존하고 상생할 수 있는 실천적인 삶을 살아가고 있습니다.

• 명상학교 수선재 홈페이지 www.suseonjae.org

◉ 명상학교 수선재 회원들의 활동 내용

1. 인생박물관 '선 뮤지엄'

삶은 무엇이며 죽음은 또 무엇인가?
인생을 어떻게 살아야 하는가?
수많은 현대인들이 애타게 답을 찾는 질문입니다.
청년들은 물론이거니와 중년, 노년에 이르기까지 삶의 길을 찾지 못하고 방황하는 이들이 늘고 있습니다.

본디 사람과 자연, 하늘, 우주는 하나에서 나왔으며 서로 돕고 사랑하며 지구라는 별을 아름답고 풍요로운 생명의 별로 가꾸어왔습니다. 그러나 물질문명이 득세하면서 인간은 점점 다른 존재들에게서 멀어지고 오직 자신들만을 위한 이기적인 문명을 만들었습니다. 그 결과 지구는 회복이 어려운 중병을 앓고 있으며 모든 자연과 우주의 존재들은 인간에게 경고를 보내고 있습니다. 수선재 선 뮤지엄은 이러한 지구의 위기를 가져온 인간의 잘못을 알리는 한편 서로 사랑하고 상생하는 삶의 모델을 제시하는 인생박물관입니다.

• 선 뮤지엄 홈페이지 www.seonmuseum.org

2. 보람 있는 삶과 아름다운 죽음을 가르치는 '선문화진흥원'

선문화진흥원은 삶을 어떻게 살고 죽음을 어떻게 준비해야 하는지 가르치는 인생교육의 장場이며 명상전문가, 전직 교사, 예술치유가, 자연농법 전문가 등이 모여 설립한 비영리교육기관입니다. 선仙이란 곧 사람-자연-우주가 서로 조화롭게 공존하는 모습인 것입니다. 세상에 좋은 가르침이 넘쳐나건만 그것들이 대중에게 큰 도움이 되지 못하는 이유는 부분적으로 접근하기 때문입니다. 사회현실에 대해서만, 자연현상에 대해서만, 혹은 정신세계에 대해서만 이야기하기 때문입니다.

보람 있는 삶과 아름다운 죽음을 이루려면 사람과 자연과 하늘에 대한 앎과 사랑이 동시에 필요합니다. 참 삶의 길은 사람사랑, 자연사랑, 하늘사랑을 동시에 실천할 때 찾아질 수 있습니다. 선문화진흥원은 이러한 선문화를 통해 삶의 가르침을 전하는 통합교육의 장입니다.

또한 삶과 죽음에 대한 올바른 이해를 바탕으로 자연회복과 바른 장례문화 정착을 위해 '무덤 없애기 운동', '사후 장기기증 및 호스피스 활동', 아름다운 완성을 이룬 이들의 친자연적인 영원한 쉼터 '영생원 건립' 등의 활발한 활동을 하고 있습니다.

• 선문화 진흥원 홈페이지 www.seonculture.net

우주인의 사랑 메시지
지구를 빛낸 우주인 이야기

ⓒ 수선재 2011

1판 1쇄 | 2011년 10월 25일
지은이 | 클레온과 마이클 잭슨 외
펴낸곳 | (주)도서출판 수선재
펴낸이 | 서대완
편집팀 | 김예진, 윤양순, 이혜선, 최경아, 김혜정, 제지원
마케팅팀 | 백상희, 김부연, 정원재, 김대만
출판등록 | 1999년 3월 22일 (제 1-2469호)
주소 | 서울 관악구 은천동 905-27.1층
전화 | 02)737-9454 | 팩스 02)6918-6789
홈페이지 | www.suseonjaebooks.com
블로그 | blog.naver.com/ssj_books
전자우편 | ssjbooks@gmail.com

ISBN 978-89-89150-80-0 03810

- 잘못된 책은 바꾸어 드립니다.
- 저자와 협의하여 인지는 생략합니다.